D1729412

Elisabeth Hemfort | Ulrich Reinke

Die Mauritzkirche

950 Jahre
Stifts- und Pfarrkirche

Elisabeth Hemfort | Ulrich Reinke

Die Mauritzkirche

950 Jahre
Stifts- und Pfarrkirche

Gedruckt mit freundlicher Unterstützung durch:

Umschlag Vorderseite: St. Mauritz, Foto: Andreas Lechtape
Umschlag Rückseite: Der Kalvarienberg von Gerhard Gröninger. Geschaffen um 1630, stand die Figurengruppe bis zur Aufhebung des Stifts im Zentrum des Innenhofs vom Kreuzgang, heute an der Nordseite des Chors der Mauritzkirche. Foto: Andreas Lechtape
Frontispiz: Schlussstein im Langhaus von 1860. Der Engel hält das Wappen mit den Symbolen für Glaube, Liebe, Hoffnung.Foto: Andreas Lechtape

Autoren und Verlag haben sich bemüht, die Inhaber der Bildrechte zu ermitteln. Wo dies in Einzelfällen nicht gelungen ist, mögen sich Rechteinhaber bitte mit dem Verlag in Verbindung setzen.

Bibliografische Information der Deutschen Bibliothek
Die Deutsche Bibliothek verzeichnet diese Publikation in der Deutschen Nationalbibliografie; detaillierte bibliografische Daten sind im Internet über <http://dnb.ddb.de> abrufbar.

www.aschendorff-buchverlag.de

Satz:Aschendorff Verlag, dfp
Printed in Germany

ISBN 978-3-402-24707-5

Inhaltsverzeichnis

950 Jahre
SANKT
MAURITZ
glauben.
leben. feiern.

Vorwort

Liebe Leserin, lieber Leser!

Mit diesem Buch halten Sie einen neuen Bildband über die St. Mauritz-Kirche Münster in Händen. Anlass dafür war und ist die 950-Jahr-Feier dieses Gotteshauses in den Jahren 2019 / 2020. Texte, historische Abbildungen und aktuelle Fotos sind in dieser Publikation aus bestehendem wie aus bislang unveröffentlichtem Material neu zusammengetragen.

Sehr herzlich danke ich den Autoren für ihr Engagement bei der Erstellung dieses Buches. Ich bin froh, dass wir mit Dr. Elisabeth Hemfort eine Kunsthistorikerin in der Pfarrei haben, die sich seit vielen Jahren der Erforschung und Vermittlung der Mauritzkirche und darüber hinaus verschrieben hat. Es brauchte nicht lange, auch Dr. Ulrich Reinke für eine Mitarbeit zu gewinnen und damit einen ausgewiesenen Fachmann, der als professioneller Denkmalpfleger seit vielen Jahrzehnten mit der Mauritzkirche verbunden ist. Sein reiches Wissen über alle Epochen der münsterländischen Geschichte macht seine Texte zu einem besonderen Gewinn. Mit seiner großen Erfahrung als Architekturfotograf hat Andreas Lechtape zahlreiche neue, hier erstmals veröffentlichte Aufnahmen von der Mauritzkirche angefertigt, die den Band zu einem echten Blickfang machen. Durch seine Vermittlung gelang es, die Fotoarbeiten als Teil des Pilotprojekts „DEHIO-digital“ beim Deutschen Dokumentationszentrums für Kunstgeschichte – Bildarchiv Foto Marburg gefördert zu bekommen. Ein Dank gilt auch dem Verlag Aschendorff und seinem Verlagsleiter, Dr. Dirk Paßmann, für die Aufnahme des Buches in das Verlagsprogramm. Großzügige Förderungen erhielten wir für die Drucklegung dieses Buches von der LWL Kulturabteilung und von der Sparkasse Münsterland-Ost, für die wir Danke sagen.

Schön ist es, dass es den Autoren gelungen ist, die spannende Stifts- und Kirchengeschichte interessant darzustellen und die Architektur und Kunstschätze unserer St. Mauritz-Kirche in die großen kunsthistorischen Epochen einzuordnen und dabei ihre religiöse Bedeutung nicht zu verkennen. Neuneinhalb Jahrhunderte haben in den Steinen und Baustilen, in den Bild- und Kunstwerken ihre sichtbaren Spuren hinterlassen.

„Das Wesentliche ist für die Augen unsichtbar!“ Nämlich der christliche Glaube, dass Gott an dieser Stelle „wohnt“ und zugegen ist und von den Menschen hier verehrt wurde und wird. Von der Gründung des Stiftes bis zum heutigen Tag wird an dieser Stelle die heilige Messe gefeiert, auf Gottes Wort gehört, die Psalmen aus dem „Gebetbuch der Bibel“ gesungen und still gebetet. Die St. Mauritz-Kirche ist zu allen Zeiten ein Ort der Gottesverehrung gewesen. Und sie soll es für die künftigen Generationen bleiben!

Die Zeiten haben sich geändert. Die Stadt Münster hat derzeit über 310.000 EinwohnerInnen, von denen weniger als die Hälfte katholisch getauft sind. Zu unserer Pfarrei Sankt Mauritz, die 2013 fusioniert wurde, gehören sechs katholische Kirchengebäude und rund 21.000 KatholikInnen, von denen nur 5-7 % sonntags die Messe mitfeiern.

Seit März 2020 verursacht die Corona-Pandemie große Einschränkungen im privaten, öffentlichen und kirchlichen Leben. Die Auswirkungen sind heute nicht absehbar.

Die Person des Jesus von Nazareth, seine Botschaft und seine Ethik (z.B. in der Bergpredigt) sind für eine christliche Lebensgestaltung zeitlos wesentlich: Zu allen Zeiten hat dies und wird dies in Freud und Leid zu einem gelingenden Leben beitragen.

So blicken wir mit Dank auf den Glauben unserer Vorfahren in der Vergangenheit und gehen mit ihrer Fürsprache und Gottes Segen getrost in die Zukunft. Wir sind die St. Mauritz-Kirche aus lebendigen Steinen!

Münster, im September 2020

Hans-Rudolf Gehrmann

Hans-Rudolf Gehrmann
Leitender Pfarrer von Sankt Mauritz

Einleitung

Seit 950 Jahren ist die Mauritzkirche und ihre engere Umgebung ein geistlicher Ort. Zu allen Zeiten verband man mit Stift und Kirche ‚sancti Mauritii extra muros' Würde und Tradition. In den Anfangszeiten waren sich die Erbauer der Kirche ihrer Pionierarbeit durchaus bewusst, als mit der Gründung von Stiften und Klöstern im 11. Jahrhundert eine christliche Landschaft überhaupt erst geschaffen werden mußte. Dafür brachten sie große Summen auf und wollten damit nicht nur ihr Seelenheil sichern, sondern auch ihren politischen Einfluss im werdenden Reich festigen.

Im Verlauf des Mittelalters rangen die Kanoniker mit dem Bischof und bisweilen auch gegen ihn um die Form der geistlichen Gemeinschaft und um ihre Unabhängigkeit, die immer auch vom rechtlichen Sonderstatus der Immunität bestätigt wurde. Als der Kanoniker Bernhard Tegeder begann, die Geschichte des Stifts aufzuschreiben, in dem er die Urkunden und schriftlichen Zeugnisse über den Besitz des Stifts zusammentrug, tat er dies im Respekt vor dem Alter des Kollegiats und mit dem Anspruch seine Bedeutung zu legitimieren. Selbst nach den großen Einschnitten wie den Verwüstungen durch die Wiedertäufer im Stift Sankt Mauritz 1534 und der Säkularisation, als der Stiftsbesitz 1811 vom Staat aufgelöst wurde, gaben Alter und Würde von St. Mauritz den Menschen immer wieder Energie und Mut für Wiederaufbau und Neuanfang.

Auch 1970, 25 Jahre nach dem Ende des Zweiten Weltkriegs und seinen Zerstörungen – von denen die Kirche weitgehend verschont blieb –, feierte man die Beständigkeit des steinalten Kirchenbaus zum 900jährigen Bestehen vor allem mit einem tiefergehenden Rückblick auf die Geschichte des Stifts. Die archäologischen Grabungen, die keineswegs geplant waren, sondern sich beim Einbau einer neuen Heizung ergaben, machten das hohe Alter für die Kirchengemeinde unmittelbar anschaulich. Ähnlich interessiert an Herkunft und Traditionslinien wurde 1995 die 150-jährige Wiederkehr der Neubegründung der Pfarrei St. Mauritz selbstbewusst gefeiert. Nun kam zu dem Blick auf die mittelalterlichen Wurzeln des Stifts die Würdigung der Menschen, die in einer Zeit der Krise etwas Neues, Lebendiges und wieder Dauerhaftes schaffen konnten. Mit Pastor Bernard Aumüller wurde Mauritz nach Jahren der Orientierungslosigkeit in der Folge der Säkularisation wieder zu einem Ort der Geistlichkeit, nun aber nicht in Form einer Stiftsherrlichkeit, sondern aus einer neuen Tugend heraus, nämlich der der Caritas. Er holte Klöster und Institutionen für die Schwachen und Kranken nach Mauritz. Noch heute ist der Stadtteil mit dem Franziskushospital von diesem Engagement geprägt.

Zu diesen besonderen Jubiläen wurden wichtige Forschungsergebnisse zur Geschichte von St. Mauritz zusammengetragen und von der Kirchengemeinde selbst in zwei Sammelbänden veröffentlicht „St. Mauritz. Neun Jahrhunderte" 1970 und „Von Sankt Mauritius und seine Gefährten" 1995. In diesen beiden Bänden geben zahlreiche fachkundige Beiträge ein differenziertes Bild über die Geschichte von Stift und Kirchenbau. Außerdem haben viele Historiker auch der Universität das Wissen mit ihren Arbeiten vergrößert, und Sankt Mauritz nimmt in der Geschichte der Stadt Münster und darüber hinaus einen festen Platz ein. Archäologische Forschungen brachten neue Erkenntnisse zum Lebensstandard der Kanoniker als man 2005 die Fundamente eines Kurienhauses, das 1534 von den Wiedertäufern zusammen mit sämtlichen Häusern niedergebrannt wurde, eingehend untersuchen konnte. Noch 2019, als der Kirchplatz eine neue Pflasterung erhielt und die Archäologen nur in den obersten Schichten nachsehen konnten, kamen ein Brunnen und auch Grabstellen zutage, die die Nutzung des Kreuzganginnenhofs als Begräbnisort noch im 18. Jahrhundert belegen. Auch die Baubefunde im südlichen Teil des Stiftsareals, die sich unter dem Pflaster befanden, konnten mit Hilfe neuer Techniken nun präzise lokalisiert werden. Die Anfangszeit des Stifts liegt wegen der fehlenden Gründungsurkunde und der geringen Schriftlichkeit der Zeit gleichwohl immer noch in Vielem im Unklaren. Hier wird die Forschung weitergehen.

Viele Puzzlesteine ergeben ein vielfältiges Bild, für dessen Erzählung der Platz in diesem Band nicht reicht. Die Mauritzkirche ist gleichwohl ein Tresor von Vorhandenem für die Geschichte durch die Jahrhunderte – und das in einer Stadt, die durch die Kriegszerstörungen so viel verloren hat. Der Kirchenbau selbst hat außergewöhnlich viel von seinem Gründungsbau des 11. Jahrhunderts bewahrt. Aus allen Epochen gibt es spannende Objekte, Bauten und Zeichen, die aus der jeweiligen Epoche viel Entscheidendes deutlich werden lassen und von denen nichts zweitklassig ist. Weil nicht alles für alle jederzeit sichtbar sein kann, bringen die eigens für diesen Band angefertigten Aufnahmen von Andreas Lechtape hier die Schönheit und Bedeutung der Mauritzkirche in ihren Facetten und Details zum Vorschein. Manche historische Aufnahme von der Mauritzkirche ermöglicht uns, auch Verlorenes zu würdigen und mahnen zum sorgfältigen Umgang mit dem Erhaltenen.

Die textlichen Ausführungen sollen die Bildeindrücke ergänzen und nötiges Hintergrundwissen zu den Bildmotiven liefern.

Echtes Interesse an der Mauritzkirche und ihrer langen Geschichte haben wir an vielen Stellen erfahren, die uns beim Zusammentragen des Materials geholfen haben. Trotz aller Zugänglichkeitsprobleme in Bibliotheken und Einrichtungen erfuhren wir an vielen Stellen über die übliche Hilfsbereitschaft hinausgehende Unterstützung. So gilt unser Dank besonders Lennart Metken M.A. vom Bistumsarchiv Münster, der LWL-Denkmalpflege, Landschafts- und Baukultur in Westfalen, vor allem Sabine Becker M.A. und Christoffer Diedrich M.A. und Michael Peren, Pastor Wolfgang Spindelmann, dem LWL Landesmuseum für Kunst und Kultur (Anke Killing), dem Landesarchiv NRW und seiner Leiterin Dr. Mechthild Black-Veldtrup, Regine Schiel M.A. vom Stadtmuseum Münster, Herrn Stephan Kube, Prof. Dr. Uwe Lobbedey und dem Messbildarchiv (MBA) des Brandenburgischen Landesamtes für Denkmalpflege, aber auch vielen anderen Einrichtungen, die Bilder zur Verfügung gestellt haben und im Bildnachweis genannt sind. Ohne ihre Mitwirkung und Unterstützung hätten wir auf viele Abbildungen verzichten müssen, die zum Teil erstmalig veröffentlicht werden. Das gilt auch für eine Zeichnung aus der historischen Bibliothek auf Haus Ruhr. Für die Genehmigung zur Veröffentlichung möchten wir Dr. Gebhard von und zur Mühlen danken. Die besonderen Verbindungen zwischen dem Haus Ruhr und der Mauritzkirche reichen weit in die Geschichte des Stifts zurück, wie der Leser hier erfahren kann.

Ein letzter Dank gilt Marcel Bomhof für die Hilfe bei der EDV, Dr. Oliver Karnau für seine Sorgfalt beim Korrekturlesen der Texte sowie dem gesamten Festausschuss ‚950 Jahre Sankt Mauritz‘ für den Vorschuss an Vertrauen bei der uns übertragenen Aufgabe.

Ulrich Reinke und Elisabeth Hemfort

Der Beginn – 1069

Kirchenbauten, gerade die historischen, vermitteln ein beruhigendes Erlebnis von Festigkeit und Klarheit. In ihrer harmonischen Verbindung von Stärke und Eleganz vermitteln sie den Eindruck, dass das alles gelebte Wirklichkeit ihrer Erbauer war und Glaube, Kirche und Gesellschaft viel weniger konfliktreich als heute waren. Auch die St. Mauritzkirche in ihrer ruhigen Insellage mit ihren drei edlen Türmen kann man so verstehen. Dies ist sogar auf eine verblüffende Art richtig, denn Auftraggeber und Künstler wollten einen Ort schaffen, der zeigte und vorwegnahm, dass eine solche paradiesische Welt ja die Verheißung der Christen bei der Wiederkehr Christi am jüngsten Tage ist. Etwas überspitzt und vereinfacht erscheint so eine Kirche mit ihrem Stift wie ein Gegenmodell zur Wirklichkeit, auch der von 1069.

Denn fast tausend Jahre trennen uns von der Epoche, in der die Stiftskirche St. Mauritz gegründet worden ist: Es ist die Zeit des hohen Mittelalters. Wir würden uns in der Welt von damals sicherlich schwer zurechtfinden und uns dort sehr fremd vorkommen. Aber erstaunlich Vieles von dem, was damals gedacht und unter großen Mühen zustande gekommen ist, hat in unserer Zeit noch einen festen Platz behalten.

Ein besonders glänzendes Beispiel dafür ist die Mauritzkirche. Ihr Bau, ihre Kunstwerke und die Dichte ihrer historischen Überlieferung vermitteln einen lebendigen Eindruck in die vielen Jahrhunderte seit ihrer Gründung. (Rk)

Blick von Osten auf den Chor und den Nordostturm. 1069 schon bis zur halben Höhe errichtet, wurde der Turm mit dem baugleichen Südostturm ohne Bauunterbrechung vollendet. Auch die Reliefs neben dem Kreisfenster wurden wohl schon damals eingesetzt.

Das aufgedeckte Grab von Bischof Friedrich I. von Wettin am 26.02.1970. In klaren römischen Großbuchstaben sind sein Name und sein Bischofsamt vermerkt.

Bischof Friedrich I.

Als der Kaiser Heinrich IV. seinen Kanzler Friedrich aus dem Hause Wettin 1064 zum Bischof von Münster berief, wuchsen sich die Auseinandersetzungen zwischen Kaiser und Papst zu einer schweren Staatskrise aus. Abgesehen davon, welche der beiden Mächte den absoluten Vorrang haben sollte, war auch die Einsetzung der Bischöfe, die Investitur, ein Problem. Dem kirchlichen Anspruch, dies ohne weltliche Einmischung zu vollziehen, stand die Staatsorganisation entgegen. Hier waren die Bischöfe die verlässlichsten Bündnispartner des Kaisers, denn der hohe Adel setzte in Konfliktfällen zu oft die eigenen Interessen über die des Reiches. Als Folge übernahmen die Bischöfe im Reich immer mehr politische Aufgaben, bis sie später meist als Fürstbischöfe zugleich geistliche und weltliche Landesherren wurden. In Münster war Bischof Hermann II. von Katzenelnbogen (1174–1203) der erste Fürstbischof.

Der später als Investiturstreit bezeichnete Konflikt zwischen Kaiser und Papsttum im 11. Jahrhundert konnte erst mit dem Wormser Konkordat 1122 beendet werden. Bischof Friedrich I. war in diesem Streit um Ausgleich zwischen den Parteien bemüht und dabei immer treuer Anhänger des Kaisers.

Über Bischof Friedrichs I. Wirken im Bistum Münster haben sich nur wenige Schriftquellen erhalten.[1] Vorher war er Domherr in Magdeburg, das in ottonischer Zeit zu einem Zentrum der Verehrung des heiligen Mauritius geworden war. Es ist unbestritten, dass er östlich des Ortes Mimigernaford, der später den Namen Münster erhielt, ein Kollegiatstift gründete und es dem heiligen Mauritius weihte. Ein genaues Datum dazu ist nicht überliefert. Friedrich hatte die Stiftskirche auch zu seiner Grablege bestimmt und ist hier 1084 beigesetzt worden.

Dank der archäologischen und baugeschichtlichen Untersuchungen, die Prof. Uwe Lobbedey anlässlich der Kirchenrenovierung 1970 machen konnte, haben wir über die Gründung und den Bau der Stiftskirche erstmalig verlässliche Angaben bekommen.[2]

Bei der Untersuchung der beiden Osttürme zuseiten des Chores fanden sich in Höhe des heutigen Chorgewölbes Zerrbalken aus Eiche, die als statisch notwendige Sicherung der Mauern während des Bauens dienten. Sie ließen sich dendrochronologisch bestimmen und einer, dessen Randkante erhalten war, ist im Winter 1068 gefällt worden.[3] Bauholz wurde in dieser Zeit frisch verarbeitet, wahrscheinlich gleich im Frühjahr, denn während des Winters mit Frost konnte man keine Mauern mit Kalkmörtel aufsetzen. So ist sicher, dass der Chor mit den Osttürmen 1069 schon fast vollendet war und wohl schon provisorisch genutzt werden konnte. Die feierliche Weihe des Hochaltars hat aber erst Bischof Erpho nach seinem Amtsantritt 1084 vollzogen.

Die Gründung des Stiftes selbst hat Bischof Friedrich zwischen 1064 und dem Bau des Chores, spätestens 1069, vorgenommen. Manfred Balzer hält in seiner Untersuchung zu Bischöfen als Architekten im 11. Jahrhundert eine schon längere Vorplanung der Stiftsgründung für wahrscheinlich. Schließlich gehörte zur Gründung eines Stiftes nicht nur das Bereitstellen eines Areals, sondern zugleich die Ausstattung mit genug Grundbesitz und Hörigen (abhängigen Bauern), damit davon der Finanzbedarf des Stiftes dauerhaft gesichert war. Leider wissen wir nicht, ob das Stift auf einem bis dahin nicht besiedelten Grund errichtet worden ist, oder ob hier schon ein großer Hof oder ein verteidigungsfähiges festes Haus bestanden hatte, wie die Forschung hier vermutet hat. Für beide Lösungen gibt es Beispiele in dieser Zeit.

Baulich und rechtlich bildeten Stifte einen eigenen Bezirk, die Immunität oder die Freiheit. Die Geistlichen unterstanden nämlich nicht der weltlichen Gerichtsbarkeit und Besteuerung. (Rk)

Neuzeitlicher Abdruck des Mauritzer Siegelstempels aus dem ausgehenden 12. Jh. Es wurde bereits bei einer Urkunde von 1206 verwendet.

Siegel an einer Urkunde über die Wahl des Dechanten vom 28. August 1529.

Mauritius – der Kirchenpatron

Friedrich wählte das Patrozinium für die neue Stiftskirche mit Bedacht. Die Verehrung für den römischen Soldaten aus Ägypten, der die Thebäische Legion anführte und um 300 n.Chr. wegen seiner Weigerung Christen zu töten den Märtyrertod starb, hatte er in Magdeburg schätzen gelernt, wo er zuvor Stiftsherr am Domkapitel gewesen war. Otto I. hatte dem Magdeburger Dom einige Mauritiusreliquien verehrt und seine Nachfahren erklärten Mauritius später zum Reichsheiligen. So war der Name dieses Kirchenpatrons zugleich auch ein politisches Bekenntnis zur Idee des geeinten Reiches.[4]

Außer den bekannten Sandsteinreliefs an den Osttürmen, die man schon früh – trotz der fünf weiblichen Heiligen darunter – als Mauritius und die Soldaten der Thebäischen Legion interpretierte, ist das frühste bildliche Zeugnis der Mauritiuskults in der neuen Stiftskirche ein Siegelstempel aus Bronze, der zur Beglaubigung von Urkunden in Wachs gedrückt wurde. Das älteste erhaltene Wachssiegel mit dieser Prägung findet man an einer Urkunde von 1206[5]. Auffällig ist, dass Mauritius hier mit stark gekräuselten Haaren und betont runden Augen als Afrikaner abgebildet ist, deutlich abweichend von den zeittypischen Siegelfiguren, die in aller Regel Gesichter mit mandelförmigen Augen haben. Gilt zwar bisher die Steinskulptur im Magdeburger Dom, die um 1240 mit der Errichtung des gotischen Domes geschaffen wurde, als erste Darstellung des heiligen Mauritius als Afrikaner, so kann man das Bildnis des Mauritzer Siegelstempels sehr wohl schon als eine individualisierte Darstellung des Heiligen verstehen. Denn schließlich war es der Sinn eines Siegelbildes, eine schnelle Identifikation der siegelführenden Person oder Korporation herzustellen, was hier durch das wiedererkennbare Bild des afrikanischen Märtyrers geschah. Interessant ist, dass das Stiftssiegel offenbar über Jahrhunderte eingesetzt wurde, wie die Urkunde über die Wahl des Dechanten Johann Vysbecke am 28.8.1529 belegt.[6] (He)

Bischof Erpho und sein Kreuz

Eine wichtige Rolle im kirchlichen Gebrauch hatte das Reliquienkreuz des Bischofs Erpho ein. Die feine Goldschmiedearbeit wurde vor 1097 gefertigt und zeigt den hohen künstlerischen und theologischen Anspruch der Mauritzer Stiftskirche.

Bischof Erpho folgte Friedrich I. 1085 auf den Bischofsstuhl in Münster und führte dessen Bemühungen um den Aufbau geistlicher Orte in dem Landstrich weiter. Er vollendete den Kirchenbau von St. Mauritz und unterstützte die Frauenstifte Liebfrauen Überwasser und St. Bonifatius in Freckenhorst mit Grundbesitzschenkungen. Er trieb den Bau des neuen Paulusdomes voran, nachdem der karolingische Bau einer Feuerbrunst zum Opfer gefallen war. In der Stiftsüberlieferung von St. Mauritz wird Erpho schon 1491 als fundator et amplificator, also als zweiter Gründer und Erweiterer des Stifts bezeichnet.[7]

Wir können heute nicht mehr sagen, warum er die Mauritzkirche zu seiner Grablege erklärte. 1090 hatte er noch den Neubau des Doms selbst geweiht, sodass er auch hier eine würdige Grabstätte erhalten hätte. Der Stiftsüberlieferung nach lag ihm aber die Kollegiatskirche von St. Mauritz besonders am Herzen. Für alle kommenden Generationen von Stiftskanonikern in Mauritz war mit seinem Namen ein besonders kostbares Kreuzreliquiar mit Reliquien vom wahren Kreuz und 11 weiteren Heiligen verbunden, das sich seit ca. 1090 im Stift befindet. Möglicherweise erwarb der am 9. November 1097 gestorbene Bischof Erpho die darin enthaltenen Reliquien auf seiner Pilgerreise nach Jerusalem, zu der er am 12. Februar 1091 aufbrach. Dem Historiker Lisch zufolge hatte Erpho das Kreuz aber bereits auf seiner Reise nach Jerusalem dabei.[8] Das mit Edelsteinen reich geschmückte Kreuzreliquiar ist, nach allem was wir wissen, in einer rheinisch-westfälischen Werkstatt entstanden.[9] Wegen seiner qualitätvollen Ausführung und wegen seiner theologischen Vielschichtigkeit gilt das Erphokreuz heute als ein herausragendes Werk der salischen Goldschmiedekunst und repräsentiert in seiner Gestaltung die christliche Heilsvorstellung seiner Zeit. Im Stift wird es immer eine herausragende Bedeutung besessen haben und zusammen mit dem kostbaren Lektionar auf dem Altar angemessen platziert worden sein.

Der Bildschmuck des Erphokreuzes steckt voller Hinweise auf die Johannes-Apokalypse und zeigt Christus nicht nur als Sieger über den Tod am Kreuz, sondern auch – ohne Wundmale – am Tag seiner Wiederkunft zum Jüngsten Gerichts, der sog. Parusie. Er steht auf einem Kelch, darunter eine Darstellung von Adam, der aus dem Grab entsteigt[10]. Die reiche Zier an Perlen- und Juwelen auf den Kreuzbalken lässt sich auf das himmlische Jerusalem beziehen, wie es in der Offenbarung des Johannes als Ort der Vollendung beschrieben wird. Darin heißt es, die himmlische Stadt sei mit Straßen aus Gold gebaut, glänzend wie Kristall (Offb. 21,18) und Mauern aus Edelsteinen, mit Toren von Perlen, und das Lamm Gottes – auf der Rückseite des Kreuzes – sei das Licht der Stadt, die der Sonne und des Mondes nicht bedarf. Diese Art von Symbolik findet man auf vielen Bildwerken des

Erphokreuz, Rückseite mit dem Lamm Gottes. Das Kreuz ist nur 22 cm hoch, sodass es auch auf Reisen mitgeführt werden konnte.

10. und 11. Jahrhunderts, als die biblischen Geschichten nicht abgebildet, sondern im Sinne der Schriftauslegung gedeutet wurden. Mit ihren Lichtreflexen und ihrem inneren Leuchten galten Edelsteine als Allegorien höherer Wahrheiten und Symbole für biblische Lehren.[11] So war dem mittelalterlichen Betrachter die Bedeutung der 17 dunkelroten Rubine an der Außenseite des Erpho-Kreuzes sofort einleuchtend, stehen sie doch für die 17 Blutstropfen, die Jesu vergossen hat, wodurch das Erphokreuz auch Ausdruck des ‚arbor vitae', dem Baum des Lebens, wurde.[12] Solche Gemmenkreuze wurden also nicht nur wegen ihres immensen materiellen Wertes in damaliger Zeit besonders bewundert, sondern auch, weil sie ein Sinnbild des göttlichen Schöpfungsplan waren.[13]

Bei vergleichbaren Kreuzen, etwa dem jüngeren Mathildenkreuz aus Essen oder den um 1050 entstandenen Kreuzen wie das Kölner Herimann-Ida-Kreuz für das Frauenstift St. Maria im Kapitol oder das Borghorster Kreuz, findet man im Schmuck auch Hinweise auf den Stifter, wodurch die fromme Gabe erkennbar blieb und auch später noch für sein Seelenheil gebetet werden konnte.[14] Auf dem Erphokreuz sind aber weder ein Name noch eine bildliche Darstellung von Erpho zu finden. Doch sind an eben jener Stelle, wo sonst die Stifter Erwähnung finden, zwei betende Personen dargestellt. Wegen der späteren Eindrückungen des Metallblechs ist eine Deutung als Mann und Frau nicht zweifelsfrei, eine Deutung von Erpho als Stifter aber hierdurch auch nicht klar.[15] Wir wissen zu wenig über die Gründungszeit des Stifts, als dass Überlieferungen von einem Ehepaar bekannt wäre, das als Stifter des Kreuzes in Frage käme und hier vielleicht abgebildet wäre.[16] Kann es sich bei der Darstellung nicht vielleicht auch um die bildliche Ehrung jener beiden Personen handeln, die an der Gründung und Errichtung des Stifts den größten Anteil hatten? Gemeint sind der Stiftsgründer Friedrich und sein Nachfolger Bischof Erpho selbst, der sich dem Aufbau des Kollegiatstifts außerordentlich verpflichtet sah und deshalb ihrer beider Andenken mit diesem Kreuz festhalten wollte? (He)

Aus der Vita Erphonis von 1649 stammt die idealisierte Darstellung von Bischof Erpho. Im Hintergrund sind die beiden Hauptkirchen seines Wirkungsbereiches dargestellt: rechts der Münsteraner Dom und links die Mauritzkirche. Diese Grafik ist die älteste Abbildung der Mauritzkirche. Das niedrige Dach erhielt der Westturm nach der Zerstörung 1534. Die Graphik ist einigen Exemplaren der Schrift als Frontispiz beigeheftet. Sie stammt von Wenzel Hollar, einem Antwerpener Kupferstecher. Die Forschung sieht in diesem Blatt allerdings ein Werk von Jan Boeckhorst, das Hollar als Vorlage diente.

Bischof Burchard

Nach dem Tod von Bischof Erpho 1097 wurde Burchard 1098 zum Bischof geweiht.[17] Auch er war in kaiserlichen Diensten und dann Kanzler Heinrichs V., der ihm wenig Zeit für sein Bistum ließ.

Von Burchard ist überliefert, dass er die Stiftsgebäude vollenden ließ, die südlich der Kirche lagen. Der Kreuzgang und die Propstei werden in den Aufzeichnungen über seine Zeit extra erwähnt. Auf der Rückfahrt von einer Gesandtschaft nach Konstantinopel verstarb Burchard 1118 und wurde in Mauritz vor dem Blasiusaltar in der camenata lapidia beigesetzt. Bei dieser steinernen Kemenate dürfte es sich wohl um den ursprünglichen Kapitelsaal handeln. Man nimmt an, dass er im Westen des Kreuzgangs gelegen hat. Kurz vor dem Abbruch der Gebäude 1832 war dieser Gebäudeteil ungenutzt und verwahrlost. Beim Abbruch hat man das Grab des Bischofs nicht gefunden und es ist bis heute verschollen. Sichtbare Spuren von Burchards Wirken im Stift sind noch die romanischen Mauern an der Südseite der Sakristei und im Durchgang des ehemaligen Stiftsgebäudes, der heutigen Bücherei. (Rk)

Propst Gottfried von Raesfeld vermachte dem Stiftskapitel 1568 einen Satz von 14 Silberbechern. Diese sogenannten Häufebecher sind für den festlichen profanen Gebrauch bestimmt und stapelbar. Der Boden der Becher zeigt die elterlichen Wappen des Propstes. Es sind noch vier Becher erhalten.

Das Kollegiatstift

Kollegiatstifte entstanden aus den Gemeinschaften von Geistlichen an den Bischofskirchen, den Kathedralen und auch danach als Verbund von Geistlichen, die nach den Geboten für das Priesteramt vollkommener leben wollten.[18] Die Kirchenväter Gregor der Große und Augustinus förderten dieses Gemeinschaftsmodell, das in fränkischer Zeit und im Mittelalter eine große Verbreitung fand. Das älteste im Münsterland ist das Domkapitel in Münster.

Die gemeinsame Hauptaufgabe der Kanoniker – so werden die Stiftsangehörigen bezeichnet – ist die sorgfältige Ausgestaltung aller Gottesdienste, der Messen wie der Stundengebete und der Fürbittgebete für die Lebenden und Verstorbenen. Da die Menschen des Mittelalters ihren eigenen Einsatz in geistlichen Dingen nicht sehr hoch veranschlagten, gaben sie dies in die Hände von kirchlichen Einrichtungen, damit diese Aufgaben dort vollkommener und verlässlicher erfüllt wurden. Man ließ sich solche Fürbitten viel kosten, deswegen waren die Zuwendungen und Stiftungen erheblich und begründeten oft den großen Reichtum der Stifte und Klöster.

Das Stift betreute auch die Bevölkerung in ihrem Umkreis in allen kirchlichen Belangen und so ist die Stiftskirche zugleich auch Pfarrkirche gewesen. Neben seiner Eigenverwaltung war das Stift lange Zeit zugleich Archidiakonat über 14 Orte und ihren Pfarreien im Münsterland.

Eine schulische Betreuung hat es auch hier gegeben, aber in eher geringem Umfang, doch es gab immerhin auch zwei mit Einkünften ausgestattete Stellen für die Ausbildung von Knaben zu Geistlichen.

Leider sind wir überwiegend über Unstimmigkeiten und Missstände informiert, für die ein schriftlich fixierter

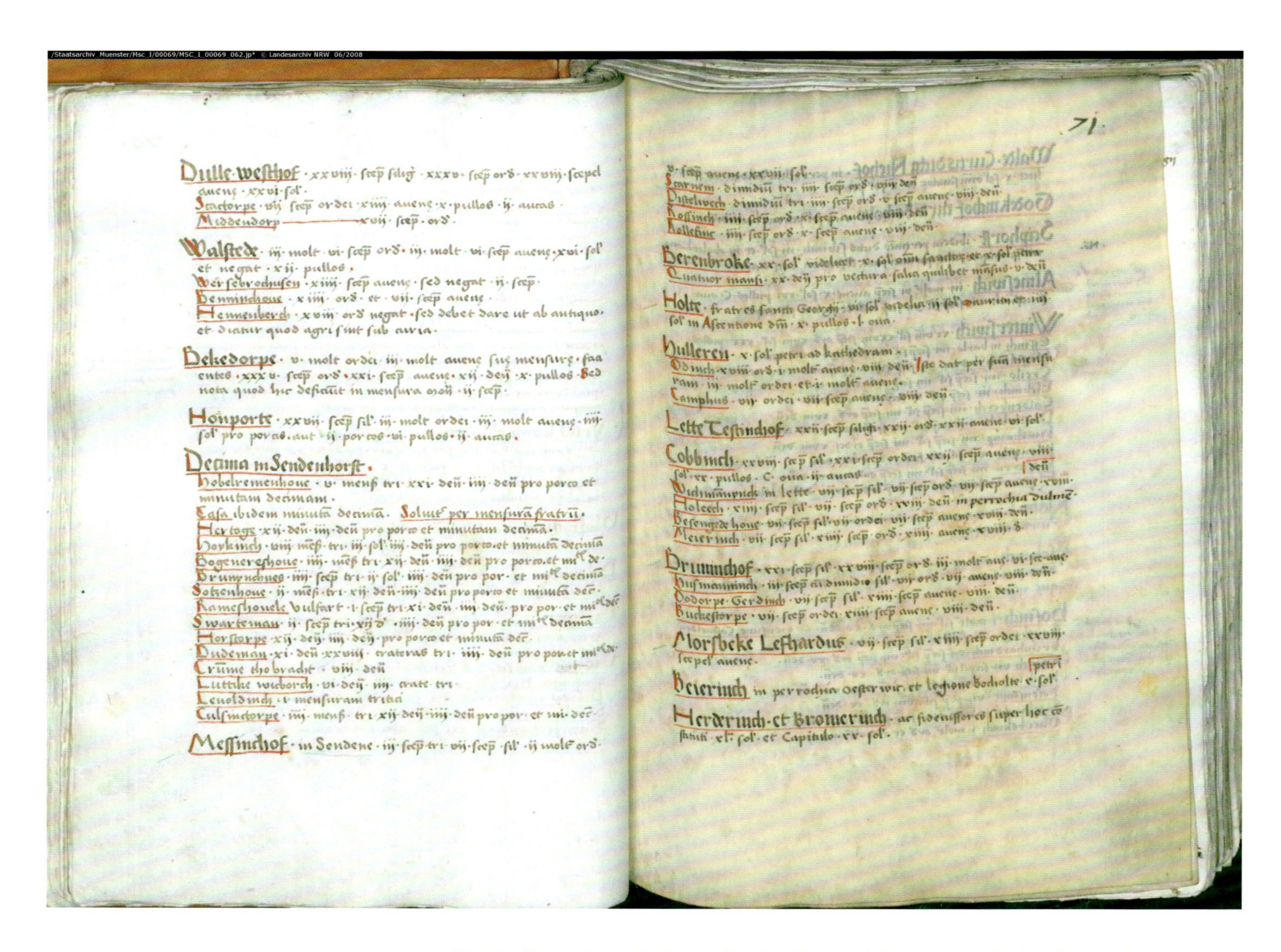

Von 1481 bis zu seinem Tode 1526 war Bernhard Tegeder als Scholaster des Mauritzstifts tätig. Sein handgeschriebenes „Rotes Buch" (liber rubeus) ist die vollständigste Quelle über das Stift im Mittelalter. So sorgfältig wie der Inhalt ist das Schriftbild dieses bedeutenden Werks.

Regelungsbedarf notwendig war. Die regelmäßigen Aufgaben und Tätigkeiten fanden dagegen nur beiläufige Erwähnung. So gibt es keine Chronik des Alltags im Stift. Nur aus vereinzelten Randbemerkungen kann man noch einen fragmentarischen Einblick gewinnen.

Mit kleineren Schwankungen gab es zehn Kanoniker im Mauritzstift. Sie bildeten das Kapitel. Dazu kam der Propst als Vorstand. Als erster Propst wurde 1085 Adelgotus genannt.

Es gab immer eine Anzahl von Kaplänen und Vikaren, die zum Teil die gottesdienstlichen Verpflichtungen der Kanoniker übernahmen, wenn sie nicht im Stift weilten. Wie für Geistliche verpflichtend, hatten die Stiftsherren ehelos zu leben. Es hatten aber meist weniger als die Hälfte der Stiftherren die vollen Priesterweihen, die anderen nur die niederen Weihen. Im Laufe des 12. Jahrhunderts wurde der Propst zugleich festes Mitglied im Domkapitel und konnte daher häufig nicht anwesend sein. Man stellte ihm deshalb 1177 einen Dechanten zur Seite, der seitdem die eigentlichen Stiftsangelegenheiten betreute. Beide hatten die Dignitas ecclesiastica, die Aufgabe der leitenden kirchlichen und juristischen Verwaltung. In dieser Zeit wurde das Wohnen in Gemeinschaft endgültig aufgegeben und für die einzelnen Kanoniker (Stiftsherren) wurden acht Wohnungen (Kurien) errichtet.

Wichtige Ämter im Kollegiatstift waren die folgenden: Der Scholaster war für die Schule und für Rechtsfragen zuständig. Für die dinglichen und liturgischen Belange gab es den Thesaurar. Der Cellerar betreute für den Propst die Finanzen. Im jährlichen Wechsel kümmerte sich um die Stiftseinkünfte der Bursar. Und in den ersten Jahrhunderten regelte dazu ein Vogt die weltlichen Angelegenheiten. In den Urkunden werden weitere Aufgaben genannt, wie die der Läuteküster (für die Glocken).

Die Kanoniker im Stift stammten fast alle aus dem Adel oder aus dem städtischen Patriziat, also der politisch bestimmenden Oberschicht. Dem Denken des Mittelalters entsprechend waren Kirche und Politik eng verknüpft.

Durch die feste personelle Verbindung des Stifts mit dem Domkapitel und die Nähe zum Bischof wurde das Stift zu einem wichtigen Stützpunkt der Bistumsleitung. Denn die Stiftsherren unterhielten enge Verbindungen zu ihrer Sippe und damit hatte das Stift ein Netz mit einem engen Nachrichten- und Beziehungssystem. Dafür spricht, dass die Stiftsherren keine ständige Residenzpflicht im Stift hatten, sondern sich auch länger an anderen Orten aufhalten konnten. Sie durften eigenen Besitz behalten, der ihnen frei zur Verfügung stand, und dazu erhielten sie die Versorgung aus dem Stiftsvermögen (Pfründe).

Stellvertretend für die Stiftsherren des Mittelalters seien zwei mit Namen Bernhard genannt, die eine besondere Rolle gespielt haben. Der eine trat als Dichter eines lateinischen Schauspiels über den Palpanista (Schmeichler) in die Öffentlichkeit. Es ist Bernhard von der Geist aus Oelde, der um 1240 und danach im Stift zunächst als ludimagister (Lehrer), später dann nach langer Wartezeit als Kanoniker gelebt hat. Sein Schwank war im Mittelalter weit verbreitet, so dass der Text heute noch in 23 Abschriften überliefert ist. Darin wird in satirischer Weise und in der damals üblichen Form eines Dialogs zwischen der Wahrheit, der Gerechtigkeit und dem Schmeichler auch das Leben im Mauritzstift beschrieben, wo wegen zunehmender Einschmeichelei die Gerechtigkeit zu kurz komme und die Wahrheit nicht mehr gehört werde.[19]

Der andere ist Bernhard Tegeder, der 1483 ins Mauritzstift eintrat. Er wurde schon im gleichen Jahr zum Scholaster gewählt. Um 1453 in Darfeld geboren, starb er 1526 im Stift. Als Chronist des Stiftes schrieb Tegeder die alten Urkunden sorgfältig ab und fügte in roter Schrift kluge Kommentare hinzu. Dazu hat er sich mit der wirtschaftlichen Verwaltung gründlich auseinandergesetzt. Ohne sein rotes Buch, das wohl nach seinem ehemaligen Einband so genannt wurde, wüssten wir heute viel weniger über das Stift, weil der größte Teil der von ihm benutzten Urkunden die Zeit nicht überdauert hat.

Vom 10. bis ins 13. Jahrhundert hatte die enge Verbindung der Stifte mit der Reichspolitik ihren Höhepunkt. In unserer Region sind es neben den stadtkölnischen Stiften das von Xanten und die adligen Damenstifte von Essen, Herford, Vreden und Emmerich-Elten, in denen die Verbindung mit der Politik eine besonders große Rolle gespielt hat.[20]

Als im späteren Mittelalter eine moderne Staatsverwaltung ihren Anfang nahm, verloren die Stifte weitgehend diese politische Bedeutsamkeit. Sie reduzierten sich damit immer mehr auf die Funktion einer Versorgungseinrichtung für die nachgeborenen Söhne und Töchter des Adels oder auch des höheren Bürgertums. Die alten Rechte, zu dem auch der mögliche Austritt aus dem Stift gehörte, blieben dabei unverändert bewahrt.

Immer wieder hat es Reformversuche für das Stiftswesen gegeben, die aber von der Mehrzahl der Stifte nicht angenommen wurden. So hielten auch die Stiftsangehörigen in St. Mauritz die alten Regeln für ehrwürdig und ausreichend. Das wohl größte Problem, dass beim Stiftseintritt sowohl die religiöse Berufung als auch die Freiwilligkeit weit hinter familienpolitischen und gesellschaftlichen Erwägungen standen, konnten diese Reformversuche aber nicht lösen. (Rk)

Das Ende des Mauritzstifts und die Neugründung der Pfarrei

Auf der Farblithographie der Zeit um 1885 sieht man das neue Kirchenschiff von 1862 von der Nordseite. Links hinter dem Chor sind Gebäude des Mutterhauses der Franziskanerinnen zu sehen. Sie wurden wie die Gebäude rechts als Kloster der Schwestern der Heimsuchung Mariä und der Schwestern von der Göttlichen Vorsehung erbaut, aber im Zweiten Weltkrieg zerstört.

Mit dem Ende des Heiligen Römischen Reichs Deutscher Nation 1803 wurden fast alle deutschen Stifte und Klöster aufgehoben, so auch das St. Mauritzstift am 14.11.1811. Sein Besitztum fiel nun an den Staat.[21] Die Stiftsgebäude wurden entweder teilweise verkauft und neu genutzt oder in wenigen Jahrzehnten weitgehend beseitigt. Auch die bewegliche Einrichtung wurde in alle Winde verstreut, wie auch anderswo.

Bei den kirchlichen Neuordnungen im Laufe des 19. Jahrhunderts wurden dann zahlreiche Klöster neu- oder wiedergegründet, aber nie wieder Kollegiatstifte gegründet. Für diese alte religiös-politische Konstruktion gab es nach Trennung von Kirche und Staat keinen Bedarf mehr.

Aber eine wesentliche Aufgabe des Stifts blieb von der Aufhebung verschont: die Pfarrei. Die Stiftskirche wurde nun eine reine Pfarrkirche und ihre gesamte liturgische Ausstattung ging in den Besitz der Pfarrei über. Das Feiern der Gottesdienste und die Amtshandlungen wurden hier nicht unterbrochen, obwohl es die bisherige Fülle an Messfeiern und Stundengebeten nicht mehr geben konnte.

Eine alte Regelung im Stift wurde nun Teil der neuen staatlich verfügten Ordnung: Die Unterhaltspflicht für das Kirchenschiff und den Westturm blieb wie bisher bei der Gemeinde. Der Chor mit den Osttürmen und die Erphokapelle waren bisher vom Stift unterhalten worden und kamen nun unter staatliches Patronat. Bis heute trägt die Bauunterhaltung dieser Teile das Land NRW als Rechtsnachfolger der preußischen Provinz Westfalen.[22]

Viel Mühe bereitete dabei am Anfang die Finanzierung der Gehälter für die Geistlichen. Da jahrhundertelang der Stiftsherr als Gemeindepfarrer diese Tätigkeit an zwei Kapläne delegiert hatte, sahen die französischen und dann die preußischen Behörden erst einmal keinen Grund, eine Besoldung darüber hinaus für einen Pfarrer zu stellen. Es bedurfte etlicher kluger und weitsichtiger Beamter im Hintergrund, dies mit einer rechtlichen Neugründung der Pfarrei 1845 und mit der Einsetzung von Kaplan Bernard Aumöller als Pfarrer glücklich zu beenden.

In der Zeit um 1800 war die heitere kirchliche Barockfestlichkeit einem sparsameren und kühleren Geist gewichen. Da die Kirche nun der Pfarre allein gehörte, wurde der Lettner weggeräumt. 1832 ist der alte Hochaltar durch einen großen klassizistischen verdrängt worden, der fassadenartig aufgebaut war. Er wurde wohl als Zeichen für den kirchlichen Neuanfang verstanden. Doch schon 1867 hat man ihn durch einen neugotischen Altar ersetzt.

Unter dem unermüdlichen Schaffen von Bernard Aumüller als Pfarrer, dem zwei Kapläne zur Seite standen, kam das religiöse Leben hier zu einer neuen Blüte.[23] Aumüllers Organisationstalent und seine Bautätigkeit prägen bis heute die Kirche und ihre Umgebung. So wurden im Süden 1854 das Mutterhaus der Franziskanerinnen und das zugehörige Franziskushospital gegründet, deren Wachstum im 20. Jahrhundert die Mauritzkirche und ihre grüne Umgebung fast in eine Nische am Hohenzollernring gedrängt haben. Auf dem heutigen Gartenareal im Westen der Kirche hat ein Kloster der Schwestern der Heimsuchung Mariä nur kurz bestanden.[24] Schon 1889 wurden die Klostergebäude in Wohnungen aufgeteilt, die nach Zerstörung im Zweiten Weltkrieg nicht mehr aufgebaut worden sind. 1850 wurde nicht weit entfernt das Kloster zum Guten Hirten gegründet, welches die Betreuung und Erziehung für „gefallene" Mädchen übernahm. Erhalten blieb auf der Südseite der Kirche die 1847 gebaute Kaplanei, die heute einem ambulanten Kinderhospiz dient. Der Backsteinbau mit den wiederhergestellten weißen Fensterteilungen atmet noch den Klassizismus, der in dieser Zeit den Wohnbau in Münster geprägt hatte. Ein Teil des Hauses hatte ursprünglich, wie damals üblich, der Landwirtschaft gedient.

So war St. Mauritz im Sinne der sehr wachen sozialen Frömmigkeit des 19. Jahrhunderts wieder zu einem christlichen Zentrum gewachsen, eine zeitgemäße Antwort auf die alte Stiftsbestimmung, die ja dieses Areal dem heiligen Mauritius, also Gott zurückübereignet hatte.

Im späten 19. Jahrhundert wuchs Münster und damit wandelte sich die Pfarrei von St. Mauritz allmählich zu einer Innenstadtpfarrei. Als erste Abpfarrung ist Herz-Jesu an der Wolbecker Straße zu nennen (1903),[25] dann folgten Christus König/Erpho 1930, St. Konrad an der Mondstraße 1938 und Mariä Himmelfahrt, Dyckburg 1949.

Nach der Eingliederung der Gemeinden 2013 bilden sie heute bis auf Dyckburg alle eine Großgemeinde mit der alten Mauritzkirche in ihrer Mitte. Dazugekommen sind noch St. Margareta und die St. Piuskirche, beide 1963 eingeweiht.[26] Letztere ist mit der Erphokirche unter das Patronat der hl. Edith Stein gestellt worden. (Rk)

Verborgenes Geheimnis: Die Öffnung des Stiftergrabs

Bei archäologischen Untersuchungen 1970, die sich angesichts der Verlegung einer Kirchenheizung ungeplant anschlossen, wurde auch das freigelegte Grab des Stiftsgründers geöffnet. Zutage trat die steinerne schmale Gruft von 1084, die eine sorgfältig gearbeitete runde Kopfnische mit der Inschrift „FRITHERICUS EPS" (Episcopus), die lateinische Bezeichnung für Bischof trägt. Die Knochen selbst waren zwar in großer Unordnung und der Schädel mehrfach gespalten, was auf einen wenig sorgsamen Umgang bei vorangegangenen Öffnungen – vermutlich 1785 und 1816 – hindeutet. Jedoch waren die Grabbeigaben noch genauso vorhanden, wie man sie aus einem ausführlichen Augenzeugenbericht von einer Graböffnung im Jahr 1576 kannte.[27] Es handelt sich dabei um einen kleinen Kelch und eine Patene sowie um den Elfenbeinknauf eines Bischofsstabs. Die häufig in romanischen Bischofgräbern anzutreffenden Miniaturkelche und kleinen Hostienteller werden als „Reiseportabilien" der weitgereisten Bischöfe gedeutet. Sie mögen aber auch im übertragenen Sinne ein Ausdruck der bischöflichen Würde für die Reise ins Jenseits gewesen sein. Der fehlende Bischofsstab, von dem der Knauf, auch Nodus genannt, stammt, wird ähnlich ausgesehen haben wie der

Das aufgedeckte Grab von Bischof Friedrich I. von Wettin am 26.02.1970. In dem zuvor schon geöffneten Grab waren Gebeine und Grabbeigaben noch erhalten.

Die sterblichen Überreste von Bischof Friedrich I. wurden 1970 würdig wieder an der alten Stelle bestattet.

zeitgleiche, noch erhaltene Krummstab des Bischofs Anno von Köln, der 1075 in der von ihm gegründeten Abtei St. Michael in Siegburg bestattet wurde.[28]

Vermutlich hatte man 1576 das Grab beim Bau der Fundamente für eine neue Tumba (Grabmal) über dem Stiftergrab erstmalig geöffnet, vielleicht aber auch, um zu überprüfen, ob die Gebeine des Toten bei den Verwüstungen durch die Wiedertäufer unversehrt geblieben waren. Überliefert ist ein ausführlicher Augenzeugenbericht, den der Kanoniker Everwin Droste des Stifts St. Martini aufgezeichnet hat. Der Text zeigt eine für seine Zeit überraschende Genauigkeit im Detail, gleichzeitig spürt man in den euphemistischen Schilderungen aber auch

Unten: Kelch und Patene aus dem Grab von Bischof Friedrich I. von Wettin.

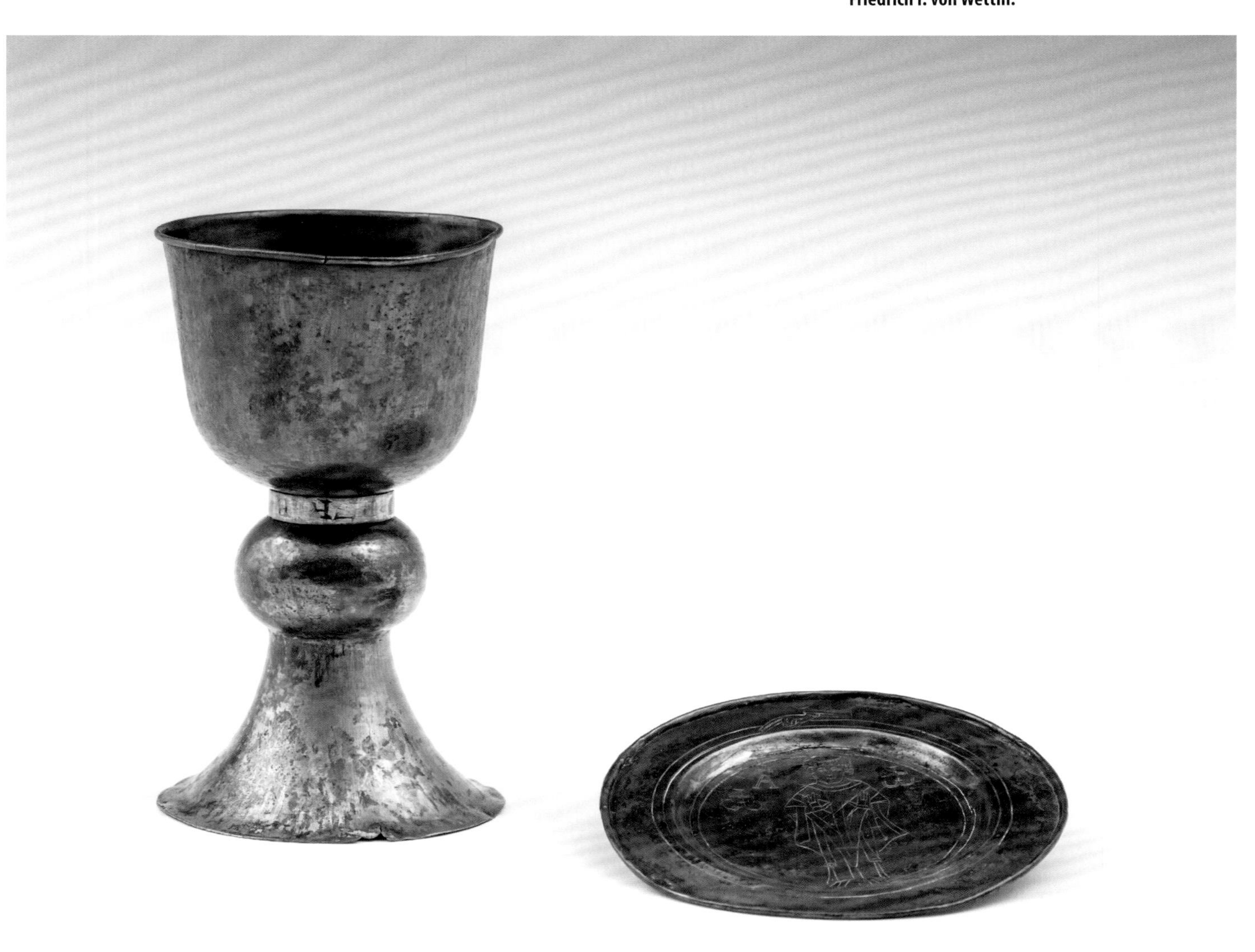

Der Elfenbeinknauf (nodus) vom Bischofsstab Friedrichs I. gehört zu den Grabbeigaben.

die besondere Ehrfurcht, die dem seltenen Ereignis entgegengebracht wurde. Im steinernen Sarg befanden sich demnach „die ehrwürdigen Gebeine des gütigsten Oberhirten unserer Kirche unversehrt, nicht vermorscht oder vergangen, sondern, was alle Anwesenden wunderbar berührte, lieblich duftend". Unschwer kann man sich die Gefühle der Mauritzer Kanoniker vorstellen, die dem Geschehen beiwohnten, plötzlich so eng mit dem Gründer des Stifts verbunden, wodurch die Gemeinschaft von Lebenden und Toten nicht deutlicher werden konnte. Sein Wirken legitimierte ihr eigenes Dasein und je bedeutsamer seine Person war, desto mehr Sinn lag auch in ihrem Tun. So kann man vom entströmenden Wohlgeruch, den die Augenzeugen glaubten zu riechen, auch in anderen Berichten der Zeit und später lesen und muss ihn als Überzeugtheit von der Wunderwirksamkeit und Heiligkeit des Bestatteten verstehen.

Die Grabaufdeckung bei der Kirchensanierung 1970 gab Gelegenheit, die Gebeine des Stiftsgründers zu untersuchen. Demnach starb der hochgewachsenen Friedrich im Alter zwischen 50 und 60 Jahren, hatte vom Reiten Verschleißerscheinungen an der Wirbelsäule und trug am Tag seiner Bestattung ein mit Brokat geschmücktes Gewand, von dem noch Goldfäden nachzuweisen waren. Am Gründonnerstag des Jahres 1970 wurden seine Gebeine in einer feierlichen Zeremonie, geordnet und mit Silberfäden auf einem Holz fixiert, erneut beigesetzt. (He)

Annostab, vor 1075, Siegburg, St. Servatius. Der Bischofsstab des Kölner Bischofs Anno zeigt einen ähnlichen Elfenbeinknauf, wie er im Grab von Friedrich I. gefunden wurde. Die beiden Bischöfe verband eine enge Freundschaft. Sie waren gemeinsam an der Paderborner Domschule von Bischof Meinwerk († 1036) ausgebildet worden.

Von Südosten zeigt der Südostturm seine reiche Arkadengliederung des 11. Jahrhunderts. Das zu ihm gehörige ursprüngliche Chordach rechts saß ein Stück tiefer als heute.

Der Gründungsbau

Seit den Grabungen und den Bauuntersuchungen ist es eindeutig, dass von der ersten Kirche die beiden Osttürme insgesamt und die seitlichen Chormauern in voller Höhe erhalten sind.[29] Die letzteren sind bei der spätgotischen Chorerweiterung 1476 um ein Drittel erhöht worden. In diesem Zusammenhang wurde die romanische Halbkreisapsis abgetragen und der bis heute bewahrte Chorschluss im Osten angefügt. Unter dem Fußboden ist das Fundament der Apsis weitgehend erhalten. Ebenfalls fand man unter den Marmorplatten im Chor Sockel von Wandpfeilern, die als Auflager des romanischen Chorgewölbes gedient hatten. Eine kleine Glasplatte im Boden an der linken Chorwand erlaubt heute den Blick auf einen dieser Sockel, der tiefer liegt als der heutige Chorboden und noch die erste Fußbodenhöhe anzeigt. Zwei schlanke Säulen flankierten die Kanten des Pfeilers, eine Baugestaltung, die um 1069 zur Zeit des Gründungsbaus noch ganz neu ist und erst im 12. Jahrhundert zu einem typischen romanischen Pfeilermotiv wird.

Genauso erstaunlich ist auch das zu den Pfeilern gehörige (nicht erhaltene) steinerne Kreuzgewölbe im Chor. Denn im deutschen Reich waren nämlich die Kirchenräume bis ins 12. Jahrhundert mit flachen hölzernen Decken abgeschlossen, nur die Apsiden erhielten ein steinernes Gewölbe. An den Chorwänden sind, hinter Putz verborgen, die rundbogigen Ausbruchspuren dieses Gewölbes erhalten. Für die spätgotische Einwölbung, die um etwa ein Drittel höher liegt als die romanische, hat man die romanischen Wandpfeiler und das Gewölbe beseitigt. Sichtbar blieben die vermauerten Rundbogenöffnungen zu den Türmen, die ja schon 1069 standen.

Nach Westen war der Chor in der frühen Stiftszeit durch eine steinerne Schranke vom Kirchenschiff abgetrennt, die leicht nach Westen versetzt im Langhaus stand und nicht auf die Vorlagen für die Gewölbe Bezug nahm.

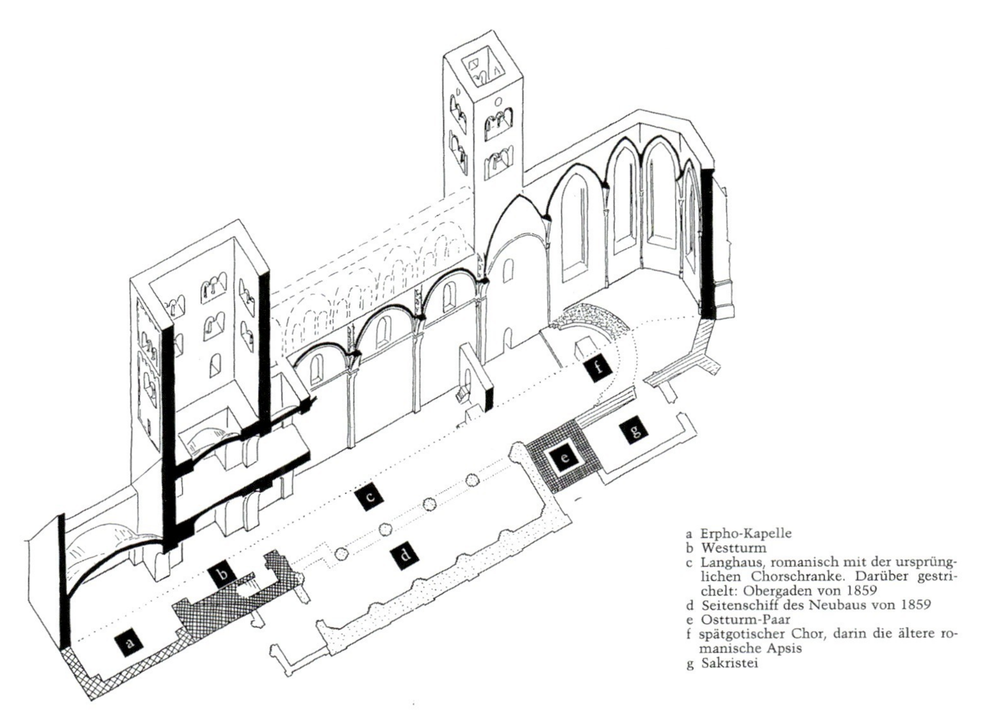

In der isometrischen Darstellung der heutigen Kirche sind die archäologischen Funde von 1970 eingetragen. Die Halbkreisapsis des ersten Chorabschlusses zeigt sich deutlich wie auch das Nordstück der Chorschranken. An der Chorwand ist der Bogenansatz des Gewölbes markiert sowie der Aufriss und die Gewölbeanordnung des abgebrochenen Langhauses. An der Ostseite des Westturms sieht man die nicht erhaltene, romanische Empore. Isometrie nach Uwe Lobbedey von Ingrid Frohnert.

Im Boden versteckt und durch ihr hohes Alter schadhaft geworden sind die 1970 gefundenen Pfeilervorlagen von 1068/69, die das romanische Chorgewölbe getragen haben. Heute kann man durch eine Glasplatte im Chorboden noch die nordwestliche Vorlage mit ihrem Sockel sehen.

Von seinen Fundamenten sind Teile gefunden worden.[30] Man bezeichnet diese Mauer als Chorschranke oder als Lettner. In Domen, Stifts- und Klosterkirchen trennt der Lettner den nur den Geistlichen vorbehaltenen Chor von dem für die Laien gedachten und zugänglichen Kirchenschiff. Oft stand hier mittig vor dem Lettner ein eigener Altar, der für die Laiengottesdienste diente.

In der Apsis des Chores stand der Hochaltar. Sein romanisches Fundament wurde ebenfalls bei den Grabungen gefunden. Die Reliquien, die er enthalten hatte, wurden 1446 entnommen. Sie trugen das Siegel von Bischof Erpho, so dass die Weihe dieses ersten Altars nach 1084 erfolgt sein muss. Nicht erhalten, aber für den Chordienst notwendig waren Sitzplätze an den Längsseiten des Chores für die Kanoniker, die sich gegenübersaßen. Heute steht an seiner Stelle das spätere, noch teils aus dem 18. Jahrhundert stammende Chorgestühl.

Von der Ausgestaltung des romanischen Chores durch Malereien, Bildwerke, Wandteppiche und Leuchter haben wir dagegen keine Überlieferung.

Der Chor war in gedämpftes Licht getaucht, denn er hatte auf den Seiten keine Fenster und aus den Rundbogentüren und -fenstern in den beiden Turmgeschossen fiel wohl kaum Licht herein. Nur in der Apsis darf man Fenster erwarten, typisch wären drei Rundbogenfenster.

Im Äußeren prägt das schöne Fugenbild des Bruchsteinmauerwerks den Chor und die zugehörigen Osttürme. Spätere Quellen nennen einen nahen Steinbruch nördlich der Kirche (etwa Gartenstraße nördlich vom Pumpenhaus), von dem die Bruchsteine stammen. Für feiner behauene Werkstücke wie an den Bögen und für die Säulchen hat man Sandstein aus den Baumbergen verarbeitet.

Ursprünglich wird das Mauerwerk durch einen dünnen Putz und einen Anstrich darüber geschützt gewesen sein. Spuren einer solchen Behandlung bewahrt die Wand im Durchgang am ehemaligen Stiftsgebäude auf der Südseite der Kirche (siehe unten).

Bis zur Höhe der romanischen Chordachtraufe, die ein Stück tiefer als heute lag, sind Chor und die Turmschäfte ungegliedert, erst darüber folgt an jeder Seite ein Rundbogenfenster,

Die beiden später vermauerten Rundbogenöffnungen führen in den südlichen Turm und standen schon so mit ihrer Mauer 1069. In romanischer Zeit hat das Chorgestühl weiter rechts gestanden, da der Chor bedeutend kürzer war. Erst 1970 hat das 1547 von Hermann tom Ring gemalte Bischopink-Epitaph hier seinen würdigen Platz bekommen.

dann zwei, die von einer Säule in der Mitte getragen werden. Darüber folgen dann drei, die entsprechend von zwei Säulen getragen werden. Gut zu erkennen sind die Würfelkapitelle[31] der zierlichen Säulen, die einen gekehlten Deckstein tragen, der zu den mächtigen Mauern vermittelt.

Sie sind durch knapp verlaufende Vertiefungen gerahmt (Blenden), die bei dem Mittelgeschoß mit zwei Rundbögen zu einer Vierbogenreihe erweitert sind, so dass die Rahmung die gleiche Breite wie die im dritten besitzt.

Über der Dreierarkade sitzt mittig je ein kreisrundes Fenster (Oculus). Flankiert sind diese von je einem Nischenrelief wohl mit Heiligenfiguren, zusammen heute sechs (heilige?) Krieger und sechs weibliche Heilige. Im

Die um 1134 erbaute und ausgemalte Sigwardskirche im niedersächsischen Idensen vermittelt ein authentisches Bild davon, wie man sich die romanische Mauritzkirche vorstellen darf. Zielpunkt der Darstellung im Apsisgewölbe ist der wiederkehrende Christus. An der linken Seitenwand erkennt man an seinem spitzen Schild eine Figur der Reihe der Heiligen Krieger. Davon ist einer als Mauritius beschriftet. Er ist den Kriegern auf den Reliefs der Osttürme ähnlich.

späten 19. Jahrhundert mussten die stark verwitterten Osttürme instandgesetzt werden. Die Reliefs am Nordturm wurden 1884/85 restauriert und die an seiner Westseite neu geschaffen. Ein heiliger Krieger wurde ausgebaut. 1888 wurden vier Originale am Südturm ausgebaut und die anderen ergänzt und zwei neu geschaffen. Seit 1890 sind diese vier Originalreliefs im Landesmuseum Münster. Eines ist jedoch dort verloren gegangen. An den Türmen hat man damals Kopien von ihnen eingesetzt. Heute ist an den Türmen kein als original erkennbares Relief mehr erhalten.

Wegen ihrer großen kunstgeschichtlichen Bedeutung ist den erhaltenen Reliefs unten ein eigenes Kapitel gewidmet.

Abgeschlossen sind die beiden Osttürme mit mäßig steilen Pyramidendächern, die in Westfalen so seit dem späteren Mittelalter häufig sind. In romanischer Zeit dürften sie etwas niedriger gewesen sein, wie die der Osttürme der Stiftskirche von Freckenhorst, die um 1129 erbaut worden sind. Bei den Zerstörungen der Kirche durch die Wiedertäufer 1534 wurden die Turmhelme durch die Abnahme der Bleidächer und durch Brandstiftung erheblich beschädigt (siehe unten).

In baukünstlerischer Hinsicht sind die Osttürme von überragender Bedeutung. Denn sie sind nicht nur die ältesten komplett bewahrten Bauwerke von Münster, sondern auch die ältesten vollständig erhaltenen Türme in Westfalen, wenn man von einigen im Unterbau erhaltenen Bauten absieht, wie das karolingische Westwerk von Höxter-Corvey und den Westturm der ehem. Stiftskirche St. Walburga von Meschede (um 900). Archäologische Belege von Turmbauten gibt es für das 11. Jahrhundert jedoch zahlreich bei Domen, Stifts- und Klosterkirchen. Ihre Höhen und Detailgestaltungen sind aber nicht überliefert. Auch in Münster sind der Dom und die Überwasserkirche zwischen 1000 und 1100 komplett neu errichtet worden. Zwei noch relativ gut bewahrte Beispiele

Oben links: Freckenhorst, St. Bonifatius. Die ehemalige Damenstiftskirche wurde 1125 geweiht. Die romanische Kirche hat zwei Osttürme, die in ihren schlanken Proportionen an St. Mauritz erinnern. Ihre pyramidalen Dächer entsprechen denen der Osttürme auf der alten Ansicht von St. Mauritz im Stich der Erpho-Vita von Wenzel Hollar.

Oben rechts: Speyer, Dom. Ostseite Ansicht auf die Apsis und die Osttürme. Der Ostchor mit seinen beiden Türmen entstand in mehreren Umbauphasen vor und etwa gleichzeitig mit der Mauritzkirche. Besonders deutlich ist die Ähnlichkeit in der Gestaltung der Türme.

Links: Billerbeck, romanische Vorgängerkirche des Ludgerusdoms, 1891. Der romanische Teil des Turmes ist die einzige enge Nachfolge der Türme der Mauritzkirche.

Rechte Seite: Heute zeigt das Südschiff der Kirche im Osten in einer Bogennische das vor 1069 errichtete Bruchsteinmauerwerk des südlichen Ostturms. Fast genau 800 Jahre trennen die Mauer von dem Taufstein. Er wurde von Hilmar Hertel in historisierend-romanischen Formen gestaltet. Auf lebendig wirkenden Löwen stehen vier Säulchen, die das Taufbecken tragen. Sein Deckel ist jünger. Rechts das Epitaph des Kanonikers Hermann Dachmann von 1465.

Die gewachsene Schönheit der drei romanischen Türme mit dem spätgotischen Chor von 1476 und der Sakristei zeigt diese Ansicht aus der Zeit um 1900. Unter der Chordachtraufe zeigt der schmale Mauervorsprung die Ostecke des romanischen Chorjochs an.

des 11. Jahrhunderts sind die Turmfassaden der Dome von Essen und Trier.[32] Sie können aber nicht als direkte Vorbilder für die Mauritztürme herangezogen werden, da sie stilistisch kaum Ähnlichkeiten aufweisen.

Aber kurz vorher und während ihrer Bauzeit 1069 wurde der Ostchor mit den beiden Türmen des Domes in Speyer erbaut. Speyer scheint weit entfernt von Münster zu sein, historisch ist es in der Zeit aber anders, denn die beiden für den Bau der Mauritzkirche wichtigen Bischöfe Friedrich und Erpho waren zugleich Kanzler des Kaisers und es ist überliefert, dass sie viel Zeit an den Höfen des Kaisers verbracht haben. Den großartigen Dombau in Speyer, zugleich Grablege des salischen Kaiserhauses, werden beide Bischöfe gut gekannt haben.[33] Dieser Bau blieb dann bis zum späteren gotischen Dom in Köln (ab 1247/48) die größte Kirche im deutschen Reich und ist für den romanischen Stil ab 1050 ein wichtiges Vorbild gewesen.

Die viel kleinere Mauritzkirche hat im Vergleich zwar weniger Anspruch. Doch sind ihre Osttürme in den Proportionen ähnlich schlank wie die höheren in Speyer, deren Obergeschosse in ungefähr der gleichen Zeit wie die Münsterschen Türme entstanden[34] und ursprünglich strenge Pyramidenhelme anstelle der heutigen Turmgiebel mit den Helmen trugen, die um 1200 aufgesetzt worden sind. Die Fensteranordnung, besonders die Dreierarkaden in den Türmen, sind denen von Münster ähnlich. Auch die Durchsichtigkeit der Speyerer Arkadengeschosse gab es ursprünglich auch in Münster, denn die hölzernen Schallbretter in den Ostturmöffnungen in St. Mauritz werden erst 1695 und zwar als Neuanfertigung genannt.

Es ist keineswegs ausgeschlossen, dass Bischof Friedrich direkt Bauleute aus Speyer nach Münster geholt hat, um an den Bau des Kaiserdoms anzuknüpfen.

Dass Speyer nicht nur bei den Türmen Vorbild war, sondern bei weiteren Details der Kirche, zeigt auch die um 1069 noch völlig untypische steinerne Wölbung des gesamten Chorraums (nicht erhalten).[35] In Speyer war und ist der Chor ebenfalls von Anfang an mit einem Tonnengewölbe gewölbt, dem dann in einer Planänderung eine steinerne Mittelschiffswölbung folgte. Auch im Grundriss ist, etwas vereinfacht ohne Querhaus, der Chor von Speyer einschließlich der Turmanordnungen in Münster übernommen.

Dass die Anlehnungen an Speyer nicht zu einer verkleinerten genauen Kopie in Münster führen, ist eines der Kennzeichen mittelalterlichen Bauens. Es genügten damals ein oder wenige Zitate, um eine Verbundenheit mit dem Vorbild auszudrücken.[36]

Kurz nach der Fertigstellung der Mauritzkirche wurden in Westfalen im 12. Jahrhundert einige Kirchen und Kirchtürme erbaut, die bis heute die Region prägen. Ihre Detailgestalt kopiert aber nicht die Mauritztürme. Eine einzige Ausnahme ist uns nur noch im Foto überliefert. Der romanische Teil des Turmes der St. Ludgerus-Kirche in Billerbeck hatte eine Gliederung der unteren Blendarkade genau wie an der Mauritzkirche. Sie ist in der markanten Detailgestaltung ganz unverwechselbar. Der Billerbecker Turm dürfte deshalb etwa um 1100 zu datieren sein. Obergeschoss und Helm entstammten dem 17. Jahrhundert. Er musste dem großen neugotischen Ludgerus-Dom 1892 weichen.[37]

Vom Mauritzer Südturm ist uns aus späteren Urkunden überliefert, dass in ihm bis 1917 zwei Glocken hingen. Sie gehörten der Pfarrei. Im Nordturm gab es keine Glocken, genauso wie bei den (späteren) Münsterschen Domtürmen. Auch in den Osttürmen von Speyer haben wohl nie Glocken gehangen. Am Nordturm wurde 1896 das (kleine) neuromanische Portal eingesetzt, nachdem im Zuge des Neubaus des Kirchenschiffs die Kreuzgewölbe in den Turmerdgeschossen erneuert waren. (Rk)

Die vier besterhaltenen Reliefs von den Osttürmen wurden 1888 ausgebaut und ins Landesmuseum Münster überführt. Eines ist seit dem Krieg verloren. Von den beiden Kriegern wurde jener mit der Standarte als Mauritius gedeutet und damit der andere als weiterer Märtyrer der thebäischen Legion. Die Frauengestalt ist bisher namenlos geblieben. Insgesamt befanden sich zwölf Reliefs an den Türmen. Datiert werden sie in die 2. Hälfte des 11. Jahrhunderts.

Heilige. Das Rätsel der Reliefs

Ein Zyklus von Bilddarstellungen wie an den Osttürmen der Mauritzkirche (siehe oben) ist an romanischen Kirchtürmen äußerst selten.[38] In Deutschland ist nur der Turm der Kirche des ehemaligen Benediktinerklosters Hirsau im Schwarzwald zu nennen (erbaut 1082–1091).[39] Deshalb hat man in der Forschung grundsätzlich überlegt, ob die Reliefs in den Mauritztürmen schon bei ihrer Erbauung oder zu einem späteren Zeitpunkt eingefügt worden sind. Dabei wurde auch erwogen, ob diese nicht ursprünglich für einen anderen Standort im Inneren gedacht waren und von dort nach einem Planwechsel hier eingesetzt worden sind. Leider gibt es keine Belege dafür. So kann man diese Fragen noch nicht abschließend klären.

Doch über ihre künstlerische Bedeutung fällt das Urteil einhellig aus. Nicht nur ihre besonders feine Ausführung, sondern auch die plastische Durchbildung der Figuren selbst ist von besonders hoher Qualität. Sie gehören zu den besten Skulpturen, die im 11. Jahrhundert aus Stein gefertigt worden sind. In Westfalen sind sie zugleich die ältesten erhaltenen Steinbildwerke.

Im LWL-Museum für Kunst und Kultur am Domplatz kann man die drei erhaltenen Originalreliefs von nahem betrachten und verstehen, warum die Forschung annimmt, dass sie in einer Erstplanung wohl für einen Innenraum gedacht waren. Géza Jászai hat sie 1976 so gewürdigt: „Die Reliefs sind von hoher Qualität. Ihre Wirkung ist vergleichbar mit von innen getriebenen, ziselierten Goldschmiedearbeiten. Die zierlichen, feingliedrigen Relieffiguren in frontaler Stellung, den Eindruck eines ‚schwebenden Stehens' erweckend, erscheinen in einer zarten, mit mildem

Sechs heilige Krieger und sechs heilige Frauen wachen an den Osttürmen über Stift und Kirche. Im 19. Jahrhundert wude die Figur bereits stark überarbeitet, wie das Gesicht deutlich preisgibt.

Licht und weichem Schatten rechnenden Modellierung". In den drei Reliefplatten aus Baumberger Sandstein ist je eine Bogennische ausgespart, in der eine Figur steht: Zwei sind als Krieger in ihrer Rüstung dargestellt, die dritte zeigt eine Frau, deren Heiligenschein sie als Heilige ausweist. Ihr vornehmes Kleid hat betont weite Ärmel. Schultern und Kopf sind durch ein Tuch verhüllt, das in der byzantinischen Malerei oft zu finden ist, es wird griechisch als Maphorion bezeichnet. Darüber trägt sie einen Stirnreif mit einem Halbkreisbügel. Ihre Hände zeigen eine eigentümliche Gestik aus Abwehr und Willkommen.

Eine weitere Heilige, die nur noch im Foto überliefert ist, war ihr ähnlich. Auch die Krieger mit Kettenhemd über der kurzen römischen Tunika ähneln sich mit ihrem großen spitz zulaufenden Schild. Man hat den Krieger, der die Fahne trägt, als Anführer der Soldaten bestimmt und in ihm deshalb St. Mauritius gesehen. So wäre die Gruppe der Krieger als Märtyrer der Thebäischen Legion zu deuten. Bei den weiblichen Heiligen ist leider bisher keine sichere Bestimmung ihrer Namen gelungen.[40]

Nach dem Kleidungstypus der Frauen und der Krieger lassen sich zum Vergleich vor allem Elfenbeinreliefs, teilweise byzantinischer Herkunft, heranziehen. Die Münsterschen Figuren weichen nicht oder nur unwesentlich von dem Kanon des 11. Jahrhunderts ab. Aber es gibt kein Beispiel, dass eine engere künstlerische Verwandtschaft zeigt und eine weitere Identifizierung erlauben würde.[41]

Bisher hat Uwe Lobbedey sich als einziger mit den Reliefs in Verbindung mit dem Kirchenbau präzise auseinandergesetzt. Er hält die Anbringung der Reliefs direkt beim Bau der Türme für gut begründbar. Sein Gedanke, dass die Schar heiliger Männer und Frauen gleichermaßen von hoher Warte das Stift behüten, lässt weitere Überlegungen zu. Um 1134 ließ Sigward, Bischof von Minden, eine Eigenkirche auf seinem Hofgut Idensen errichten und vollständig ausmalen. Diese Kirche blieb vollständig und ihre bauzeitliche Ausmalung zu großen Teilen erhalten.[42] In unserem Zusammenhang ist die Reihe der leider nur fragmentarisch erhaltenen Ritterheiligen an der Nordwand der einschiffigen Kirche von Interesse, sie tragen spitze Schilde wie die in Münster (Abb. S. 27). Bei Zweien ist die Beschriftung erhalten, St. Mauritius und Vit. Von den Figuren der Südwand blieb nichts bewahrt. Hier einen Zyklus von weiblichen Heiligen zu rekonstruieren, wäre naheliegend.[43] Denn beide Reihen schreiten zusammen auf die Apsis im Osten zu, wo der wiederkehrende Christus vom Jüngsten Gericht zentral im Gewölbe der optische und inhaltliche Zielpunkt ist.

Dieser Zielpunkt fehlt zwar in Münster. Aber man darf nicht vergessen, dass die romanische Apsis ja verloren ist, wie der steinerne Ostgiebel des Chores darüber. Wegen der aufgefundenen Spolie in der Westwand des Durchgangs an der Pfarrbücherei ist es wahrscheinlich, dass es weitere Figuren gegeben hat. Wenn man sich nun drei oder fünf Reliefs im romanischen Chorgiebel außen vorstellt mit Christus in der Mitte, entspräche das ikonographische Programm im Wesentlichen dem in Idensen.

Für eine gedankliche Rekonstruktion des Chorgiebels hilft noch ein-

In der Westmauer des Stiftsgebäudes hat man altes Steinmaterial verbaut. Darunter befand sich ein Fragment von einem weiteren Relief mit Kriegerdarstellung. Deutlich erkennbar sind der Schild und das darunterliegende Kettenhemd. Der Stein wurde bei Sanierungsarbeiten 1995 freigelegt.

Relief eines Kriegers mit Kettenhemd und Schild an der Südseite des Südturms links, 2006.

Ein Restaurator 1983 bei der Arbeit am Ostturm. Die Aufnahme zeigt den im Vergleich unterschiedlich verwitterten Erhaltungszustand des Reliefs. Die meisten Reliefs waren bereits im 19. Jahrhundert stark überarbeitet.

mal ein Vergleich mit dem Speyerer Dom.[44] Dort gibt es über dem Dach der Apsis im Giebeldreieck des Chores fünf Bogennischen. Leider wissen wir nicht, ob dort Figuren gestanden haben oder stehen sollten. Aber Reliefs anstelle dieser Nischen anzuordnen, wäre baulich nur ein kleiner Schritt gewesen und ist in dieser Zeit auch belegt. Besonders anschaulich zeigt das die Eingangshalle der Stiftskirche Sankt Emmeram in Regensburg, die 1050 inschriftlich datiert ist.[45]

Die Turmreliefs wurden bisher zwischen etwa 1050 und 1097, dem Todesjahr von Bischof Erpho, datiert. Nach den Begründungen Uwe Lobbedeys wäre die späteste Entstehung um 1070 anzusetzen. (Rk)

Das Lektionar

Seit den frühen 1930er Jahren befindet sich im Besitz der Pierpont Morgan Library in New York ein Lektionar aus dem Stift St. Mauritz, das im Stift wohl durch alle Zeiten einen herausragenden Platz auf dem Altar einnahm. Die Handschrift wird in der Überlieferung zum Mauritzstift als Evangeliar bezeichnet, ist aber streng genommen ein Lektionar.[46] Denn die Evangelientexte sind hier nicht in der biblischen Abfolge, sondern in ihrem liturgischen Gebrauch im Verlauf des Kirchenjahres angeordnet und um die Episteltexte ergänzt. Der Bedeutung dieses sakralen Buches tat dies keinen Abbruch. Denn als Träger des göttlichen Worts waren diese Evangelienbücher für den mittelalterlichen Menschen von magisch-sakralem Charakter und erfuhren höchste Verehrung. Sie lagen nicht wie ein gewöhnliches Buch auf dem Altar, sondern waren erhöht platziert.

Kalendarische Besonderheiten weisen darauf hin, dass die Handschrift bereits in den letzten Jahrzehnten im 11. Jahrhundert entstanden ist und im Mauritzstift genutzt wurde.[47] Damit gehörte das Lektionar von Beginn an zum kirchlichen Leben und wurde mit großer Wahrscheinlichkeit noch von einem der Stiftsgründer der neuen klerikalen Gemeinschaft übergeben. Es handelt sich also um das älteste Dokument der Stiftsgeschichte.

Das kostbare Buch war nicht nur mit seinen Bibeltexten – und damit dem Wort Gottes – für die Messfeier von höchstem Wert, sondern es hatte auch bei wichtigen Rechtsangelegenheiten quasi die Funktion des göttlichen Stellvertreters. Jahrhundertelang war es üblich, auf dem Buch Eide zu schwören. Das belegen die beiden im späteren Mittelalter eingebundenen Seiten mit Eidesformeln. Auch war es üblich, wichtige Rechtsgeschäfte in Evangeliare oder andere sakrale Bücher einzutragen. Dass es im Mauritzer Lektionar am Ende ein komplettes Einkünfte- und Besitzverzeichnis aus der Mitte des 12. Jahrhunderts gibt, ist also nicht so ungewöhnlich, aber für die Forschung von unschätzbarem Wert. Das Heberegister spiegelt hier die mittelalterliche Rechtsvorstellung, nach der die Ländereien des Stifts eigentlich dem Heiligen Mauritius und seinen Gefährten gehörten. Mit dem Eintrag in das Lektionar wurde die Rechtsimmunität, also die freie Gerichtsbarkeit des Stifts quasi an höchstem Ort dokumentiert. Der Inhalt des Heberegisters wurde 1492 von Bernhard Tegeder, dem Scholastiker und ersten Geschichtsschreiber von St. Mauritz, in sein *liber rubeus*,[48] das rote Buch, übertragen, einem Kopiar der wichtigsten Dokumente aus dem Archiv des Stifts, was uns erlaubt, die wirtschaftlichen Belange des Stifts bis in seine Anfangszeit zurückzuverfolgen.

Im Mauritzer Lektionar sind die Textanfänge mit Initialen in Gold und Silber und grünem Blattwerk kostbar illuminiert, die noch das Vorbild der spätkarolingischen Reichenauer Buchmalerei und der Abtei Corbie erkennen lassen.[49] Das Äußere des Codex besteht aus in Leder eingebundenen Buchdeckeln und trägt auf dem vorderen Buchdeckel ein kostbares Elfenbeinrelief mit der Darstellung der Kreuzabnahme, von einem Silberrahmen eingefasst. Die ursprünglich vorhandenen Metallschließen sind verloren. Der jetzige Einband stammt aus dem frühen 16. Jahrhundert, wie die Rollenstempel erkennen lassen, mit denen das Leder verziert wurde, aber der Metallrahmen und das Elfenbeinrelief sind sehr viel älter und wurden wahrscheinlich bei der Neubindung von dem vorhandenen Einband wiederverwendet. Kunsthistorische Einordnungen dieser Elfenbeinschnitzerei weisen auf eine Herkunft aus England und lassen eine Entstehung im 2. Jahrzehnt des 12. Jahrhunderts annehmen. Vermutlich kam es auf den Einband, als man die liturgische Handschrift mit dem Heberegister zusammen in einen Codex vereinte. Das Elfenbeinrelief kann in Köln bezogen worden sein, wo man damals solche Kostbarkeiten erwerben konnte.[50] Man ist geneigt zu vermuten, daß dieses wertvolle Geschenk von Bischof Burchard kam, der den Aufbau des Stifts und seiner Immunität mit dem inneren Stiftbezirk vollendete.

Die etwas abenteuerliche Geschichte über den Verbleib dieser, für die Mauritzer Pfarrgemeinde verloren geglaubten Handschrift ist beispielhaft für die beweglichen Besitztümer von kirchlichen Einrichtungen, die nach der Säkularisation oft in alle Winde verstreut wurden. Wahrscheinlich kam das Buch mit dem letzten Kanoniker an St. Mauritz, Joducus Herrmann zur Mühlen, nach Haus Offers, genannt Haus Ruhr, in Bösensell bei Senden. 1853 jedenfalls war es Eigentum des Rittmeisters Egbert von und zur Mühlen, dessen Familie es 1925 an den Schweizer Sammler Arnold Mettler-Specker in Luzern verkaufte. Vier Jahre später ging dessen gesamte Sammlung über eine Auktion in Amsterdam an den amerikanischen Millionär und Eisenbahn-Tycoon Charles Pierpont-Morgan. Dass uns diese bewegte Geschichte bekannt wurde, ist das Verdienst des ehrenamtlichen Archivars der Kirchengemeinde, Hans Leenen, der entsprechenden Hinweisen bei Max Geisberg nachgegangen war und fündig wurde.[51]

Die Annahme, das Relief sei separat in den Handel gekommen, hat sich nicht bewahrheitet. Noch heute trägt der Buchcodex den kostbaren Einbandschmuck. So ist das Buch zwar heute nicht mehr Teil des Kirchenschatzes von St. Mauritz, hat aber in der renommierten Pierpont Morgan Library, die im Besitz einiger der bedeutendsten mittelalterlichen europäischen Handschriften ist, einen würdigen Aufbewahrungsort, an dem die Bedeutung der Handschrift in ihrer historischen Dimension gewürdigt wird. (He)

Der Buchdeckel des Mauritzer Lektionars trägt ein Elfenbeinrelief der Abnahme Christi vom Kreuz, um 1120 gefertigt. Das Lektionar gehört heute der Pierpont Morgan Library in New York.

Vollendung der Stiftsgründung. Langhaus, Westturm und Erphokapelle

Das romanische Langhaus

Wegen Einsturzgefahr mussten die Gewölbe des romanischen Kirchenschiffs 1857 abgebrochen werden. Da das Kirchenschiff ohnehin zu klein für die gewachsene Gemeinde geworden war, entschloss man sich 1858 es ganz niederzulegen und neu aufzubauen (siehe unten). Dank einiger Abbildungen können wir uns diesen romanischen Kirchenraum noch vergegenwärtigen. Er hatte die Breite des Chores und war in drei Joche gegliedert mit rechteckigen schmalen Wandvorlagen. Auf ihnen setzten die rundbogigen Gurtbögen an, die drei Kreuzgratgewölbe trennten. Auf einem profilierten Sandsteingesims[52] in Höhe der Bogenanfänge saßen hoch in der Wand Rundbogenfenster, die im Norden durch Maßwerkfenster ersetzt und im Süden nach dem Abbruch des Kreuzgangs nach unten verlängert worden waren. Ganz deutlich zeigt die Zeichnung von W. Salzenberg die statisch verformten Gewölbebögen.[53] Um sie zu stabilisieren, hatte man noch 1832 (vergeblich) vier Strebepfeiler außen vorgesetzt.

Im Westjoch führte eine Türe im Süden in den Kreuzgang, die Tür gegenüber an der Nordseite öffnete sich zum Friedhof und zur Straße. Ihre Detailgestaltungen sind nicht überliefert. Ob das Schiff von Anfang an auf steinerne Wölbung angelegt war, oder diese in einem zweiten Schritt im 12. Jahrhundert zugefügt worden ist, ist nicht mehr zu klären.

Im Westen gab es ein schmaleres Zwischenjoch, welches an die (erhaltene) Ostwand des Westturms stieß und die Turmempore nach Osten vergrößerte. Die schmalere Gestalt bezog sich auf einen anderen Bau im Westen, über dessen Gestalt wir nichts mehr wissen. Es ist denkbar, dass dieser Bau als erste Erphokapelle mit dem Bischofsgrab gedient hat oder dass die heutige Erphokapelle einen schmaleren Vorgängerbau an gleicher Stelle besessen hat. Dieser Westbau war vermutlich, wie sein heutiger Nachfolger auch, schon als Turm konzipiert worden.

Vreden, Stiftskirche St. Felicitas. Die einschiffige Kirche aus dem 12. Jahrhundert gehörte dem Damenstift. Das Westfenster zeigt noch die ursprüngliche Fensterform, die denen der Mauritzkirche gleicht. In der Romanik waren Kloster- und Stiftskirchen oft noch einschiffig. Das Foto stammt aus dem Jahr 1969.

Der Westturm

Zum Bau des mächtigen quadratischen Westturms und der im Westen vorgelagerten Erphokapelle haben wir keine Schriftquellen. Auf Grund von

Nur durch die Zeichnung von Wilhelm Salzenberg ist uns das Aussehen des Inneren von dem 1858-59 abgebrochenen romanischen Kirchenschiff überliefert. Der Blick von Osten geht auf den bis heute erhaltenen Westturm und die Erphokapelle. Die Zeichnung entstand 1830.

Ansicht der Mauritzkirche im Winter, undatiert (1. H. 19. Jh.). Zu sehen ist der Zustand vor dem Neubau des Langhauses.

stilistischen Details lassen sich aber beide Bauten in die zweite Hälfte des 12. Jahrhunderts datieren.

Die Bruchsteinwände von Unter- und Obergeschoss des Turmes folgen der Gestalt der älteren Osttürme und nur kleinere Baudetails verraten die hundert Jahre spätere Bauzeit. In den Obergeschossen sind die mit Lisenen eingefassten Felder doppelt angeordnet, denn der Westturm ist ja doppelt so breit wie die Osttürme. Bei genauem Vergleich sieht man, dass die Schallarkaden denen im Osten ähnlich sind, die Zwillingsarkaden jedoch viel breitere Bogenstellungen aufweisen. Die oberen Lisenenfelder schließen glatt mit einer Reihe kleiner Konsolsteine. Dieses von antiken Bauten hergeleitete Motiv findet sich an vielen Bauten des 12. Jahrhunderts, oft im nahen Rheinland.

1902 wurden die stark verwitterten Mauern der Obergeschosse und die teils vermauerten Schallarkaden wieder geöffnet und genau nach Befund ergänzt. Ihre glatte Steinoberfläche und die sehr exakten Säulen lassen historistische Stilvorstellungen erkennen.

Wie selbstverständlich schließt die barocke Haube von 1709 den romanischen Turm ab. Die einheitliche graue Bleideckung umfasst den offenen achteckigen Laternenabschluss,[54] in dem die beiden Uhrglocken hängen.[55] Den Abschluss bildet die kräftige und dabei elegante Zwiebelspitze. Für ihre Finanzierung war die Pfarrgemeinde zuständig, da sie ja für die Erhaltung von Westturm und Kirchenschiff zuständig war. Da sie das Geld kaum aufbringen konnte, unterstützte das Stift die Gemeinde bei der Holzbeschaffung und der Finanzierung der Turmhaube.

Auch das Innere des Turmes ist bemerkenswert. In sehr dicken Mauern ist in beiden Untergeschossen jeweils ein viel kleinerer quadratischer gewölbter Raum eingestellt, der nach Norden, Osten und Westen durch tiefe, tonnengewölbte Nischen erweitert ist. Auf der Südseite konnte im Erdgeschoß keine Nische die Symmetrie vervollständigen, da hier der Treppengang im Mauerwerk angeordnet ist. Anders als heute lag der Zugang zur Trep-

pe in der unteren Turmkapelle. Er ist verglichen mit anderen Turmtreppen der Romanik ziemlich breit und sein schräg ansteigendes Tonnengewölbe ist ein Kennzeichen für romanische Türme.[56] Es ist offensichtlich, dass eine so repräsentative Raumgestalt der Turmräume für Funktionen von Bedeutung vorgesehen war. So besitzt die Westtür im ersten Obergeschoss, die auf den fensterlosen Dachstuhl der Erphokapelle führt, ein reich verschlungenes Rankenrelief, was sonst nirgends bei Türen des Mittelalters auf Dachböden zu finden ist. Hier muss etwas geplant worden sein, das später abweichend und vereinfacht vollendet wurde. Das viel spätere Vorhaben von 1585, hier eine Stiftsbibliothek einzurichten, ist nicht zur Ausführung gekommen.

Ein Nachweis für die liturgische Nutzung in der oberen gewölbten Turmkapelle stammt von 1291. Hier wird ein „Marienaltar im alten Chor"

Vor der Instandsetzung der Turmmauern und der Wiedereröffnung der Schallarkaden 1902 war der Turm durch behelfsmäßige Ausbesserungen unansehnlich geworden. Rechts vorne in der Ecke die sog. „Heimsuchung", das ehemalige Klostergebäude der 1866 angesiedelten Schwestern der Heimsuchung Mariae, das schon 1889 aufgegeben und zu Wohnungen umgewandelt wurde. Das Gebäude wurde im Krieg stark getroffen und dann abgerissen.

Romanisches Flechtbandrelief oberhalb eines Torbogens, der den Dachboden der Erphokapelle mit dem Westturm verbindet. Der ornamental gestaltete Bogen spricht für ein ursprüngliches vorhandenes Fenster über einem niedrigeren Vorbau als die jetzige Erphokapelle.

genannt. Seit dem ersten Einbau eines Orgelwerkes 1503 ist der Raum dann wohl nur noch als Nebenraum in Gebrauch gewesen. Sein schöner Fußboden mit einem Muster aus Ziegelsteinen in unterschiedlichen Brandfarben wird bei den Arbeiten hier um 1860 neu verlegt worden sein, vielleicht als Wiederholung des Vorgängerbodens.

Der untere Raum erhielt mit dem Neubau des Kirchenschiffs 1859 ein zu diesem passendes Rippengewölbe. Im wiederverwendeten oder nachgebildeten Schlussstein ist die Büste des heiligen Petrus mit Schlüssel dargestellt. Das Original war nach den Zerstörungen durch die Wiedertäufer um 1550 geschaffen worden.

Für die neue östliche Bogenrahmung zum Schiff wurde eine passende spätromanische Ornamentik gewählt. Sie gibt dem Durchblick die künstlerische Raffinesse zwischen beiden Kirchenräumen. In dem hier eingepassten Gitter sind Teile des barocken Lettnergitters wiederverwandt und zeigen, dass eine behutsame Verwendung zweier Stile beide in der Wirkung zu

Schlussstein aus dem Gewölbe der unteren Turmkapelle mit einer Darstellung des Hl. Petrus, entstanden um 1550.

Münster, Dom, südlicher Turm (nach Geisberg). In der Aufrisszeichnung des südlichen Domturmes wird die Verwandtschaft mit dem gleichzeitigen Westturm der Mauritzkirche deutlich.

Die Südwestseite der Mauritzkirche vor der Restaurierung des Turms und noch vor der 1899 erfolgten Erweiterung des Südportals. Über dem oberen Fenster an der Südseite des Turms erkennt man noch den Dachansatz eines der Stiftsgebäude.

Südwestseite der Mauritzkirche mit dem ergänztem Portalanbau von 1899

steigern vermag. Die westliche Turmöffnung gegenüber zeigt einen sichtlich nachträglich erweiterten Bogendurchgang in die Erphokapelle, der noch in der Stiftszeit vorgenommen worden ist.

Eng verwandt mit dem Westturm sind die beiden Westtürme des Münsterschen Domes mit fast gleichen Innentreppen. Während in der Mauritzkirche aber alle Details noch romanisch sind, sind die Kapellenräume der Domtürme schon frühgotisch und damit stilistisch etwas jünger.[57] Da beide Stile im späten 12. Jahrhundert teils schon nebeneinander angewandt wurden, darf man den Mauritzkirchturm zeitlich eng an den Bau der Domtürme rücken, deren untere Geschosse um 1170 datiert werden.

Der Ausbau der obersten Geschosse mit einer kräftigen Holzkonstruktion, die die Geschossdecken und den Glockenstuhl trägt, folgt dem bei Glockentürmen üblichen Schema.

Bei dem Überfall der Wiedertäufer am 25. Februar 1534 wurden die Bleideckung von den Dächern geholt und die Kirchen- und Turmdachstühle in Brand gesteckt. Im Westturm schmolzen die Glocken durch die große Hitze. Einige Steinflächen oben im Turm zeigen noch die Rotverfärbung, die bei Brand entstehen. Bei der Wiederherstellung erhielt der Turm den bis heute bewahrten hölzernen Innenausbau und ein Pyramidendach, wie auf der Kirchendarstellung, die dem Stich des Bischofs Erpho von 1649 links unten beigefügt zu sehen ist. Dieses Dach wurde dann 1709 durch die barocke Haube ersetzt. (Rk)

Die Erphokapelle

Die Erphokapelle ist dem Westturm in gleicher Breite vorgelagert. Obwohl ihr Bruchsteinmauerwerk dem der Turmuntergeschosse ähnlich ist, trennt Turm und Kapelle auf beiden Seiten eine senkrechte Fuge. Offensichtlich wurde sie in einem zweiten Bauabschnitt vor den Turm gesetzt und hat deshalb keine eigene Ostwand, diese ist nämlich die Westwand des Turmes.

Draußen auf der Kapellenwestseite kann man in dem fensterlosen Giebel ein niedrigeres Giebeldreieck erkennen, das die ursprüngliche Dachneigung angibt. Ein Schräggesims am Turm unter dem heutigen Dach zeigt

Rechte Seite: Die Erphokapelle wurde im unmittelbaren Anschluss an den Bau des Westturms errichtet. Wohl im 16. Jahrhundert sind die Fenster und die Tür an der Nordseite erneuert worden.

Das Innere der Erphokapelle ist niedrig, ohne gedrückt zu wirken. Der Bogendurchgang zum Turm erlaubt den Blick bis ins Kirchenschiff. Links die Grabtumba von Stiftsgründer Bischof Friedrich I., die 1863 hierhin versetzt wurde.

die gleiche Neigung. Es sollte die Fuge zwischen Kapellendach und Westturm vor eindringendem Wasser schützen und durchschneidet die oben beschriebene Türsituation mit dem Rankenrelief. Außen an der Nordseite ist noch ein Traufstein für dieses Dach erhalten. Die Rundbogenfenster mit dreiteiligem spätgotischen Lanzettmaßwerk gehören wohl wie das steilere Dach zu den Änderungen bei den Wiederherstellungsmaßnahmen 1550, die nach den schweren Beschädigungen durch die Wiedertäufer notwendig waren. Auch die Gestalt der Türöffnung auf der Nordseite gehört dazu.

Im Inneren ist das mächtige, tief ansetzende romanische Kreuzgratgewölbe mit seinen Rundbogenformen spätestens um 1200 zu datieren. Es hat ganz ähnlich wie die Turmkapellen einen kreuzförmigen Grundriss mit Pfeilervorsprüngen in den vier Ecken des Raumes. Daher ist sicher, dass der Westturm und die Kapelle ganz kurz nacheinander und wohl auch von den gleichen Bauleuten erbaut worden sind. 1927 wurde der Verputz im Inneren erneuert und die Kapelle neu ausgemalt. Sie wurde später dann wieder weiß übertüncht.

In der Mitte dieses Raumes stand ehemals die Tumba des Grabmals von Bischof Erpho. Darunter wurde 1927 ein leeres Grab gefunden, dessen Grabplatte Reste einer Skulptur und einen Bischofstab erkennen ließen. Seine Tumba war 1492 opulent erneuert und dann von den Wiedertäufern zerstört worden. Ob dabei die Gebeine verloren gingen, ist uns nicht überliefert. 1620 wurde ein neues Grabmal geschaffen. Die heutige, wiederum würdige Aufstellung auf der Südseite erfolgte 1863, als das Grabmal Bischofs Friedrichs aus dem Chor hier auf die Nordseite versetzt worden war. Wohl in Teilen gehen die schönen Schutzgitter mit den durchgesteckten Bögen auf das frühe 19. Jahrhundert zurück. Aus dem 18. Jahrhundert stammen die Eichenbänke.

Mit der Neuaufstellung der Grabmale wurde die Teilnahmemöglichkeit an den Gottesdiensten in der Kirche verbessert. Zwei Seitenaltäre waren in der Kapelle über lange Zeit in Gebrauch, die beiden in der Ostseite neben dem Bogen eingesetzten Reliefs wurden hier 1846 als Retabel für diese Altäre eingebaut. Diese ehemaligen Epitaphien werden unten behandelt.

Der heute für die persönliche Andacht dienende Raum mit dem wundervollen Blick in den gotischen Chor gehört ohne Zweifel zu den stimmungsvollsten Sakralräumen in Münster. Mit der Erphokapelle war der romanische Kirchenbau zur Vollendung gekommen. Hier war auch nach dem plötzlichen Tod des Kardinals von Galen am 22. März 1946 im St. Franziskus Hospital sein Leichnam aufgebahrt.

Das Detail der Grabplatte von 1576 für Bischof Friedrich I. von Wettin ist das Werk des Münsteraner Bildhauers Johann Reining († 1596). Sie ist sein einziges erhaltenes Werk.

Heute steht die Tumba des Bischof Erpho von 1620 zusammen mit dem Grabmal des Stiftsgründers in der Erphokapelle.

Obwohl gut 100 Jahre jünger als die Mauritzkirche wirkt die große Marienkirche in Lippstadt ähnlich durch die vergleichbare Dreiturmgruppe. Sogar der gotische Chor und die barocke Turmhaube zeigen einen vergleichbaren Wandel der Ursprungsgestalt. Aufnahme von 1981.

Von der eindrucksvollen Silhouette der drei Türmen ist das Äußere der Mauritzkirche auf eine ganz besonders charakteristische Weise bestimmt. Westtürme dieser Art gibt es zahlreich in der Spätromanik Westfalens und des Rheinlands, doch es gibt kein genaues Gegenstück. Der Turmreichtum ist ein Wesensmerkmal romanischer Stifts- und Klosterkirchen, deren Vielzahl sich jedoch nicht aus Funktonen ergibt, sondern aus der symbolischen Bedeutung des Kirchenbaus. Dass hier an die befestigte Gottesstadt, und zwar als das neue himmlische Jerusalem zu denken ist, lässt sich aber leider nur selten als konkrete Äußerung zu dem einzelnen Kirchenbau belegen.

Reformern seit Bernhard von Clairvaux waren diese Fülle an Türmen und Glocken ein Dorn im Auge, so dass Bernhard in seinem Zisterzienserorden nur einen kleinen Turm und lediglich zwei Glocken erlaubte.[58] Die Baugewohnheiten an den Domen und den anderen Kirchen sind aber davon nicht beeinflusst worden, aufwändige Turmbauten blieben bis in 20. Jahrhundert wichtiger Teil des christlichen Kirchenbaus. (Rk)

Der Kreuzgang und die Stiftsgebäude

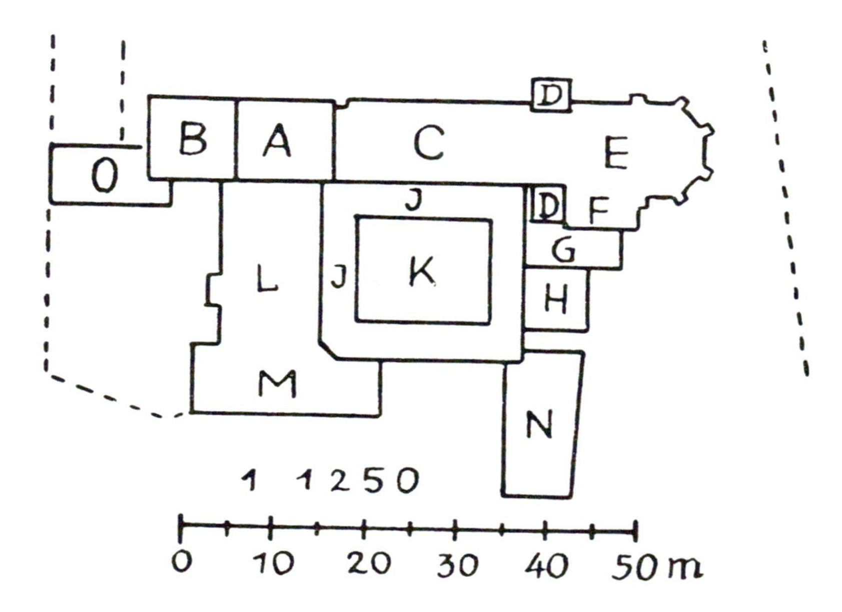

Diese Skizze nach der Katasteraufnahme von 1825 ist die einzige Verbildlichung der inneren Stiftsimmunität. Der romanische Kreuzgang ist mit J bezeichnet, die erhaltene Sakristei mit F. Die Häuser H und N sind in der heutigen Bücherei verbaut.
(A) Westturm
(B) Erphokapelle
(C) Langhaus
(D) Osttürme
(E) Chor
(F) Sakristei
(G) vermutlich Michaelskapelle
(H) vermutlich Blasiuskapelle
(J) Umgang
(K) Kreuzganginnenhof
(L) frühere Blasiuskapelle
(M) Propstei
(N) vermutlich Kapitelsaal
(O) barockes Torhaus
(nach M. Geisberg)

Vom Bau der Stiftsgebäude gibt es die schriftliche Nachricht, dass Bischof Burkhard von Münster, der von 1097 bis 1118 Bischof von Münster war, den Kreuzgang, die Propstei und die Blasiuskapelle errichten ließ. Alle diese Bauten lagen auf der Südseite der Kirche. Aus den Schriftquellen wissen wir, dass die Blasiuskapelle zugleich als Kapitelsaal gedient hat und hier auch in alter Zeit der Taufstein seinen Platz hatte. Die Blasiuskapelle war ein relativ kleiner Bau im Osten des Kreuzgangs, aber es gibt auch die These, dass sie ursprünglich genau gegenüber lag, zwischen Westturm und Propstei. 1832 wird der Bauteil hier als ungenutzt beschrieben und einmal als Mantelkapelle bezeichnet. Ob dieser Name sich auf irgendein liturgisches Brauchtum bezieht, ist uns nicht überliefert.

Diese Stiftsgebäude waren bei dem Überfall 1534 durch die Wiedertäufer angezündet worden und bis auf die steinernen Mauern abgebrannt. Ihren Grundriss kennen wir durch die Abbruchskizze von 1831. Leider hat niemand einen Aufriss gefertigt oder die Gebäude gezeichnet. 1832 wurden die Gebäude, die als verwahrlost bis baufällig klassifiziert worden waren, abgebrochen. Das Torhaus, das südwestlich an die Erphokapelle angebaut war, wurde 1836 niedergelegt. Damit stand die Kirche frei. Von den mittelalterlichen Stiftsgebäuden waren nur einige Bauteile auf der Südostseite stehengeblieben. Sie wurden profan genutzt, zeitweise gab es hier auch einen Kaufladen. Im heutigen modernen Bibliotheksbau sind Reste der Bauteile noch erhalten. Schon im 19. Jahrhundert wurde sein Inneres gründlich modernisiert und die Fensterformen verändert. Im Dachstuhl konnten bei der letzten Instandsetzung

Friedrich Baum (?), Ansicht des Mauritzstifts von Südwest, um 1825, Öl/Lwd. Der Maler dokumentiert die bauliche Situation von Kirche und Stift von Südwesten. Erkennbar ist das südliche Immunitätsportal und das barocke Torhaus, was auf die südliche Ecke vor die Erphokapelle gebaut war. Der Wechsel in der Firsthöhe von Langhaus und Chor zeigt noch das alte Langhaus. Neben den Bauten der Stiftsimmunität sind links und rechts des Bezirk Kurienhäuser zu erkennen. Das Gebäude links im Vordergrund ist die ehemalige Küsterei.

noch Teile des historischen Dachstuhls bewahrt werden und so zeigt z. B. seine Dachneigung immer noch die aus der Stiftszeit.

Um die Enge in der spätgotischen Sakristei zu beheben, hatte Hans Ostermann eine Verlängerung dieses Baus bis an die Kirche 1960/61 vorgenommen, was den Stiftscharakter wieder anschaulich werden ließ und Sakristei und Schatzkammer nun genügend Raum bot. Städtebaulich geschickt fügte er an der nördlichen Kante des Altbaus einen öffentlichen Durchgang mit Flachbogenöffnungen ein, die sichtlich modern sich wie selbstverständlich einfügen. Damit ist weiter das Umschreiten der Kirche möglich. Und es blieb die alte Nordwand im Erdgeschoss sichtbar. Sie ist noch romanisch und stammt aus der Zeit des Bischof Burkhard. Sogar Putzreste des 12. Jahrhunderts blieben hier noch bewahrt, in die teils Fugen eingeritzt waren. Ein vermauertes Fenster und die zugesetzte Spitzbogentür werden von spätmittelalterlichen Umbauten herrühren. Auch an der spätgotischen Südwand der im Osten anstoßenden Sakristei zeichnet sich ein romanischer, gewölbter Bauteil ab.[59] Diese wenigen Spuren belegen unmittelbar die Existenz des Stiftes. Zugleich haben sie somit aus der Zeit um 1100 zu gelten. Im ganzen Münsterland finden sich keine älteren Bauzeugnisse von Stifts- oder Klosterbauten.

Auf der Südwestseite ist dank der Ostermannschen Verlängerung ein Innenhof entstanden, der an den hier bis 1832 stehenden vierflügeligen Kreuzgang erinnert. Wir wissen, dass er steinern eingewölbt gewesen ist. Zum Innenhof öffnete er sich mit unverglasten Bogenfenstern. Je zwei Rundbogenarkaden standen auf einer Mittelsäule, ein Überfangbogen fasste die beiden Arkaden zusammen, eine prägende Baugestalt der Romanik. Dem Text des Abbruchgutachten des Bauinspektor Müser von 1831 entnimmt man das große Bedauern, dass damals für die Wiederherstellung kein Geld zur Verfügung stand.

An der Südseite der Sakristei zeigen die romanischen Mauern aus Bruchstein noch die Wand einer Kapelle, die zu den Stiftsgebäuden zählte. Der eingemauerte quadratische Stein ist ein wiederverwendeter Sockel und wurde schon zu Stiftszeiten hier vermauert.

Eine historische Kostbarkeit ist im Innenhof links über dem Durchgang eingemauert. Man kann ein Schild mit Schuppenmuster erkennen. Es ist eine auf den Kopf gestellte Spolie eines Kriegerreliefs und gehört zu dem Zyklus der Märtyrer der Thebäischen Legion, die an den Osttürmen vermauert sind. Man hatte ihn hier nur als Reparaturstein und nicht auf Sicht eingemauert (Abb. S. 33). (Rk)

Stahlstich von Joh. Poppel nach einer Zeichnung von Joh. Friedr. Lange, 1853. Sichtbar sind die vielen hier vermauerten Epitaphien aus dem abgebrochenen Kreuzgang. Im Chorscheitel sitzt das später verlorene große Epitaph des Dechanten Bernhard Schencking († 1597) von Johann Reining, der in seinem Auftrag auch das Stiftergrabmal schuf. Es stellte die Auferstehung dar.

Steinernes Gedenken

Im Mittelalter nahm die Vorstellung, dass die Verstorbenen im Innern der Kirchen gegenwärtig sind, großen Raum ein. Der Glaube an die Auferstehung nach dem Tod verband die Lebenden mit den Toten. So war auch der Stiftsgründer Friedrich, dessen Grab sich vor der Chorschranke vor dem Gemeindealtar befand, für die Kanoniker und Gottesdienstbesucher in der Mauritzkirche stets zugegen. Auch sein Nachfolger Bischof Erpho, der in den Annalen des Stifts die gleiche Verehrung wie der Stiftsgründer genoss, erhielt in der Kirche einen würdigen Begräbnisplatz westlich des Turms, an prominenter Stelle in direkter Achse zum Grab von Friedrich und zum Hochaltar. Sobald es ging, wurde über seinem Grab eine eigene Kapelle erbaut. Die hervorgehobene Platzierung der beiden Stiftergräber zeigt unmissverständlich ihren Anspruch auf ewiges Gedenken.

Um das ewige Leben zu erlangen, bedurfte es in der Vorstellungswelt des Mittelalters nämlich nicht nur der Fürsprache von Heiligen sondern auch anhaltender Gebete von nachfolgenden Generationen. Selbst der gottesfürchtigste Mensch konnte nicht einfach mit einem Platz im Himmel rechnen, weil letztlich jeder Mensch zugleich auch Sünder war. Schenkungen an die Kirche und Almosen für die Armen waren zwar Leistungen, die sich beim Jüngsten Gericht positiv auswirkten, aber je mehr Menschen für das Seelenheil der Verstorbenen beteten, desto größer war die Gewissheit, in den Himmel zu kommen. Deshalb sollte die Erinnerung an die guten Werke lange erkennbar bleiben, um auf diese Weise möglichst lange noch folgende Generationen zu Bittgebeten zu motivieren. Rechtlich verbindliche Garantien für dauerhafte Gebete und Erinnerung wollte man mit Altarschenkungen, sog. Vikarien, erzielen, die dazu verpflichteten, zu festgelegten Tagen an den Donator zu erinnern und in einer sogenannten Memorie für sein Seelenheil zu beten. In einem Nekrolog oder dem *liber memoriam* (Memorienbuch) wurden diese Gedächtnisfeiern notiert und über Jahrhunderte durchgeführt.[60]

Damit das individuelle Gedenken gewährleistet werden konnte, war es zwingend, auch die Namen der Verstorbenen zu überliefern. Der Erinnerung halfen bildliche Darstellungen, die oft Namen oder Familienwappen zeigten. Bevorzugte Träger dieser Art des Memorialwesens waren steinerne Platten, weil sie besonders dauerhaft waren. Im Mittelalter wurden solche Stein-Epitaphien, die zum Teil noch zu Lebzeiten in Auftrag gegeben wurden oder für deren Erstellung ein entsprechender Geldbetrag nach dem Tod bestimmt war, immer aufwendiger gestaltet. Diese Gedenktafeln lagen nicht auf den Gräbern der Kanoniker im Innenhof des Kreuzgangs, sondern waren getrennt davon, aber meistens in ihrer Nähe, an den Wänden des Kreuzgangs angebracht.[61] Mit den Jahren gab es immer mehr Gedenksteine und Andachtsbilder, weshalb der Kreuzgang im Mauritzstift reich verziert gewesen sein muss.[62] Beim Abbruch des Kreuzgangs 1832 war ein Großteil der Tafeln noch erhalten, die danach an den Außenmauern der Kirche und an den angrenzenden Wänden der um-

Inschrifttafel an der Südseite der Erphokapelle von dem Epitaph für die 1578 verstorbene Maria Hannemann.

An der Stirnseite im südlichen Seitenschiff hat heute das Epitaph des Kanonikers Hermann Dachmann von 1465 einen Platz gefunden. Es lässt sich dem Bildhauer Heinrich Blanckebiel aus Münster zuschreiben.

Fragment des Altarretabels von St. Andreas in Krapendorf/Cloppenburg. Landesmuseum für Kunst und Kulturgeschichte, von Heinrich Blanckebiel, um 1440.

liegenden Häuser angebracht wurden, wie eine Kirchenansicht von 1853 zeigt.

Vereinzelt wurde auch anderen Personen, die dem Stift verbunden waren, ein Begräbnisplatz im inneren Stiftsbezirk gewährt. Die Inschriftentafel an der Südwand der Erphokapelle für die 1578 verstorbene Maria Hannemann zeigt, dass dieses Privileg sogar Frauen zukommen konnte. Die Tochter eines Rechtsgelehrten war, der Inschrift nach, plötzlich mit 42 Jahren in den Räumen der Propstei verstorben. Sicher aber wurde ihre Grabstätte mit Hilfe einer größeren Donation erworben. Ihr ursprünglich im nördlichen Teil des Kreuzgangs angebrachtes Epitaph mit Darstellung der Auferstehung ist beim Abbruch vermutlich zerbrochen und nur noch der Inschriftenteil wurde an die Außenmauer der Erphokapelle versetzt.[63]

In sehr anschaulicher Weise vermitteln uns die erhaltenen Steinepitaphien von Mauritzer Stiftskanonikern, die sich heute im Innern der Mauritzkirche befinden, diese Form des spätmittelalterlichen Totengedenkens. Das Bildprogramm ist immer gleich: Der verstorbene, in ein Messgewand gekleidete Kanoniker ist im Bildvordergrund platziert in Begleitung seines Namenspatrons oder eines Apostels, der mit einer empfehlenden Geste bei Gottvater, Jesus oder der Gottesmutter für dessen Seele bittet. Wappen oder Spruchbänder nennen den Namen des Verstorbenen. In aller Regel waren die Bildreliefs noch von einer Inschriftentafel mit der Aufforderung zum Gebet begleitet, wie noch am Epitaph des Scholaster Johann Schenking vollständig erhalten.[64] (He)

Das Epitaph des Kanonikers Dachmann

Das Epitaph zum Gedenken für den am 8. Oktober 1465 verstorbenen Kanoniker Hermann Dachmann, das in Beschreibungen des Mauritzstifts aus den ersten Jahrzehnten des 19. Jahrhunderts noch erwähnt wird, schien verloren, bis es 1970 bei den Bauarbeiten an der Ostwand des südlichen Seitenschiffes aufgefunden wurde, allerdings ohne die zugehörige Inschriftentafel. Auch andernorts sind Epitaphientafeln nicht selten als Boden- oder Wandbelag wiederverwendet, in dem man sie mit der Bildseite nach unten oder hinten vermauerte[65]. Möglicherweise hat man das auch beim Bau des Seitenschiffes, das 1861 auf der Fläche der nördlichen Kreuzgangflügels errichtet wurde, so gemacht.

Das Epitaph des Kanonikers Dachmann zeigt den Stiftsherrn in Begleitung eines Apostels mit Pilgerstab vor Christus mit Maria und Johannes. Im oberen Teil der Nische erscheint Gottvater als Halbfigur, begleitet von zwei Engeln mit den Leidenswerkzeugen. Ursprünglich befand sich unter der

Figur Gottvaters eine Taube, womit die Darstellung zur Trinität erweitert war.[66] Die Beschädigungen, insbesondere das schräg abgeschlagene Gesicht des Johannes zeigen die typischen Spuren der Bilderstürme durch die Wiedertäufer, die im Februar 1534 auch das Mauritzstift heimgesucht hatten. Die Wut der Täufer entlud sich oft an Epitaphien, weil sie in ihnen einen Ausdruck der überkommenen kirchlichen Amtsgewalt sahen.[67]

Stilistisch kann man das Relief dem Werk eines Münsteraner Bildhauers zuordnen, den Reinhard Karrenbrock als den historisch nachweisbaren Steinmetz Heinrich Blanckebiel identifizieren konnte.[68] Bisher hatte man diesen Künstler nach einem Altar für die Andreaskirche in Krapendorf bei Cloppenburg von etwa 1440 als Meister des Krapendorfer Altars benannt. Kennzeichnend für Blanckebiels künstlerische Handschrift sind die etwas untersetzt wirkenden Figuren mit großen Köpfen, umkränzt von schwerer Haartracht und Vollbärten mit Scheitellinie. Er besaß zunächst in Münster eine Werkstatt und hat bis in die 1480er Jahre auch in Wesel und Xanten ein reiches Werk hinterlassen. In Münster selbst hat sich – soweit wir wissen – von seinen Arbeiten bis auf das Mauritzer Epitaph nichts erhalten. Trotz der Beschädigungen merkt man den Figuren vom Epitaph des Kanonikers Dachmann noch einen ganz dem Mittelalter zugehörigen kindlich-frommen Darstellungsstil an, wie er auch in den mehrfigurigen Nacherzählungen der biblischen Ereignisse im Krapendorfer Altar spürbar ist. (He)

Epitaph des 1471 verstorbenen Scholasters Johann Schenking. Engel krönen die Madonna im Strahlenkranz. Unten der Stifter im Beisein des Hl. Andreas und des Hl. Mauritius

Das Epitaph für Johann Schenking

Nur wenige Jahre jünger ist das Epitaph des 1471 verstorbenen Scholastikers Johann Schenking. Beim Bau der Sakristei-Erweiterung 1960 wurde der Stein von der Außenmauer des alten Kapitelhauses ins Innere an die Südwand des Chores oberhalb der Sakristeitür versetzt. Im Mauritzer Memorienbuch wird Schenking als der Erbauer des gotischen Chores von 1451 gepriesen, was die Anbringung in den Chor begründete.[69] Das Epitaph besteht aus zwei Teilen: Über einer vom Gesamtrahmen umfassten Inschriftentafel mit den Wappen der Erbmannsfamilien Schenking und Kleihorst, besitzt es einen hochrechteckigen Schrein mit rundbogigem Abschluss und weiteren Wappenschildern in den Zwickeln. Das Relief zeigt den knieenden Stifter anbetend vor der von schwebenden Engeln gekrönten Madonna mit Kind und empfohlen vom Heiligen Andreas und vom Heiligen Mauritius mit Standarte und Wappenschild. Auf der Innenseite des Nischenrahmens sind in gotischen Majuskeln die Namen der Heiligen geschrieben. Mit Strahlenkranz und zwölf Sternen in ihrer Krone als Symbol für die zwölf Stämme Israels und der Mondsichel zu ihren Füßen erscheint Maria als Mut-

Die Marienskulptur vom Levitensitz in der St. Lambertikirche in Coesfeld, die dem Meister des „Schenking-Epitaphs" zugeschrieben wird.

Epitaph des Kanonikers Johann Brouwering, gen. Belholt in der Erphokapelle. Evert van Roden aus Münster schuf die Kreuzabnahme 1488.

ter, als die apokalyptische Frau aus der geheimen Offenbarung des Johannes (Offb. 12,1–6).

Im feinsinnigen Gesicht und den zart herabschlängelnden Gewandsäumen der Figuren sind noch Anklänge an den „Weichen Stil" zu spüren, einem Figurenstil in der mittelalterlichen Plastik, der in der ersten Hälfte des 15. Jahrhundert von Böhmen ausgehend in ganz Europa zu finden ist. Mit fein scharrierten Oberflächen und differenzierter Stofflichkeit wie auch einer beinahe verhalten zu nennenden Formensprache und der ausgewogenen Körperhaltung hebt sich dieser Bildhauer in der bildhauerischen Qualität deutlich von seinen Zeitgenossen ab.[70] Reinhard Karrenbrock erkennt in diesem Relief das Werk eines Bildhauers aus Münster, dem er mehrere Arbeiten für Kirchen aus den Jahren 1460-80 in Münster und Umland zuweisen kann. Wegen der besonderen Qualität der Mauritzer Gedenkplatte gibt er ihm den Notnamen „Meister des Schenking-Epitaphs".[71] Eine Eigenart dieses Bildhauers sind die vollen, präzise umrissenen Gesichter und die schmalen, von leicht gewölbten Lidern überfangenen Augen mit Augenbrauen, die tief an der Nasenwurzel beginnen und wie mit dem Zirkel geschlagen scheinen. Gerade an den weiblichen Gesichtern kann er diesen Meister erkennen, so auch in einer Mariendarstellung am 1473 entstandenen Levitensitz in der Coesfelder Lambertikirche. Der Meister des Schenking-Epitaphs war am Bauschmuck von großen Bauvorhaben der Zeit beteiligt wie dem spätgotischen Chor der St. Servatiikirche Münster, der St. Dionysiuskirche in Rheine und der 1484 fertiggestellten Klosterkirche in Bentlage. Man darf annehmen, dass dieser viel beauftragte Meister in St. Mauritz auch die Bauzier des von Schenking beaufsichtigten Chores ausführte, der etwa zeitgleich mit dem Chor von St. Servatii entstanden ist. (He)

Das Epitaph für Johann Belholt

Nach der Abtragung des Kreuzgangs 1832 gingen zahlreiche Epitaphien verloren. Nur wenige blieben erhalten und wurden gelagert oder weiter verwendet.[72] So ist das Epitaph für Johann Brouwerinck gen. Belholt, Dechant von St. Mauritz, 1846 nach der Wiederbegründung der Pfarrgemeinde für einen neuen Altar an der Ostwand der Erphokapelle genutzt worden, weil es sich mit der Darstellung der Kreuzabnahme dafür vortrefflich eignete. Sicher war man aber auch nicht unberührt von der 1488[73] entstandenen, sehr qualitätvollen Arbeit, mit der sich eine neue Entwicklung in der münsterländischen Bildhauerei ankündigt. In einem maßwerkgeschmückten Reliefgehäuse ist der knieende Dechant, den der Apostel Petrus mit schützender Geste und der heilige Mauritius empfehlen, ganz in das Geschehen der Kreuzabnahme eingebettet. Die beträchtliche Raumtiefe der Szene entsteht durch eine ungewohnte Staffelung der zum Teil fast vollplastischen Figuren. Reinhard Karrenbrock erkannte in dieser Bildtafel das erste nachweisbare Werk des Münsteraner Bildhauers Evert van Roden, der in den kommenden Jahrzehnten mit großartigen Stein- und Holz-Altarretabeln in Erscheinung trat und der Forschung bislang als Meister des Johannis-Altars bekannt gewesen war.[74] Dass dieser Künstler nach seiner Lehre auf einer zweijährigen Wanderzeit in Flandern wichtige Eindrücke erfahren haben muss, zeigt sich am Epitaph für Johann Belholt in der knieenden Rückenfigur der Maria Magdalena unter dem Kreuzesstamm, deren Schuhsohle gezeigt wird. In Westfalen gab es für eine derart realistische Darstellung bis dahin kein Beispiel. Evert van Roden wird vom Sakramentsaltar des Roger van der Weyden in Brüssel dazu ermutigt worden sein und die Wirkung einer solchen Rückenfigur für die Erzeugung von Raumtiefe sehr wohl erkannt haben.[75] Auch die schlanke Christusfigur geht auf die Vorbilder der altniederländischen Malerei zurück, wie sie in den Altären Rogiers und Jan van Eycks zu sehen waren.

Durch die umfangreichen Forschungen von Reinhard Karrenbrock weiß man heute, dass dieser Steinmetz und Bildhauer in den Jahren zwischen 1485 und 1520 mit einer großen Werkstatt in Münster und darüber hinaus tätig war. Er war im Stande, fast zeitgleich große Aufträge wie die Lettner für die Klosterkirche in Bentlage und die Jacobuskirche in Osnabrück herzustellen. Arbeiten selbst für weiter entfernte Auftraggeber in Kalkar und Lübeck, wo es ja auch renommierte Bildhauerwerkstätten gab, bestätigen sein großes Ansehen über Münster hinaus. Sein Talent, sowohl in Stein als auch in Holz „Figuren von tiefer Beseeltheit“ und „ernste Charakterköpfe“ zu schaffen, wie Géza Jászai die besondere Qualität dieses Meisters beschrieben hat, ist am Belholt-Epitaph wegen der neuzeitlichen Farbfassung nur auf den zweiten Blick zu erkennen.[76] Alle Epitaphe, die in der Erphokapelle ihren Platz fanden, haben ihre ursprüngliche Farbigkeit spätestens 1927 verloren, als die Erphokapelle von Kirchenmaler Gerhard Lammers starkfarbig neu gefasst und die Epitaphien im Kontrast dazu steinfarben übermalt wurden.[77] Als nach nur 25 Jahren die Architekturelemente einen schlichten, hellen Anstrich bekamen, wurden die Epitaphe der Erphokapelle wieder nach Befundresten, polychrom gefasst. (He)

Epitaph des Berthold Bischopink von Johann Brabender, um 1536.

Das Epitaph für Berthold Bischopink

Der Tod des *Senior* Kanonikers Berthold Bischopink am 14. April 1534 fiel in das Jahr, in dem die Wiedertäufer die Herrschaft in Münster übernommen hatten. Zwei Monate zuvor hatten sie auch das Mauritzstift verwüstet.

Möglicherweise war deshalb eine standesgemäße Bestattung des Stiftsherrn nicht möglich, weshalb er in Wolbeck beigesetzt worden ist.[78] Sein Mauritzer Epitaph ist deshalb wohl erst nach dem Herbst 1535 in Angriff genommen worden, als der Bildhauer Heinrich Brabender mit seiner Familie aus dem Exil in Havixbeck wieder zurück in die Stadt kam und seine Werkstatt am Wegesende wieder beziehen konnte.[79] Mit dem Sieg über die Wiedertäufer durch Bischof Franz von Waldeck begann in mancher Hinsicht eine neue Zeit und der Sohn von Meister Heinrich, Johann Brabender, stieg mit einem großen Werkstattbetrieb zum führenden Bildhauer in Münster auf. Sein Epitaph für Berthold Bischopink gilt als seine älteste eigenständige Arbeit und steht am Anfang einer ganzen Reihe von Werken, die er für Münstersche Domkanoniker und andere geistliche Würdenträger ausführte.[80]

Im Epitaph für Berthold Bischopink stehen in den vier Ecken des oben glockenförmig abschließenden Reliefschreins die Wappen der Erbmännerfamilien Bischopink, Bock, Drolshagen und Kerkerinck und beweisen die vornehme Abstammung des am vorderen Bildrand knieenden Stiftsherrn. Auch dieses Relief besaß eine Inschriftentafel, deren Text sich aber nur in einer Abschrift erhalten hat und die vielen Ämter und Würden nennt, die Bischopink im Laufe seines Lebens innehatte.[81]

Münster, Dom. Epitaph für den Domdechanten und Propst von St. Mauritz Theodor Schade. Johann Brabender fertigte es um 1540/45.

Begleitet wird der Stiftsherr von dem durch Pilgerflasche und Jakobsmuschel erkennbaren Apostel Jakobus und dem Stiftspatron Mauritius im Harnisch eines zeitgenössischen Landsknechts. Etwas erhöht füllt die biblische Szene mit Pilatus den Raum, der den gefesselten, dornengekrönten Christus dem Volk präsentiert. Die fast vollplastisch gearbeiteten, kräftigen Personen beanspruchen beinahe den ganzen Raum. Der goldene Hintergrund mit der krönenden Muschelkalotte betont sie als biblische Personen und wahrt so noch die Verschiedenheit der göttlichen und der irdischen Sphäre, die sonst durch die drangvolle Enge der Figurengruppe fast aufgehoben erscheint. Der Variationsreichtum in Gestik und Kleidung und die Skala an unterschiedlichen Gesichtszügen sowie die Verwendung des Muschelmotivs als Heiligenschein lassen eine neue künstlerische Auffassung erkennen, die bereits zur Renaissance überleitet. Das macht auch das Steinmetzzeichen im Lorbeerkranz im Giebelfeld des Reliefs deutlich, mit dem sich der Künstler an prominenter Stelle als Schöpfer des Bildes selbstbewusst bezeichnet. Das zeugt nicht nur von seinem Standesbewusstsein als Mitglied einer *beldensnyder*-Familie, die in der Gilde und in der Stadtregierung hohe Ämter bekleidete, sondern auch von einem neuartigen Selbstverständnis, das mittelalterlichen Bildhauern noch fremd war.[82]

Wie sehr Johann Brabender als ein Bildhauer an der Schwelle zur Neuzeit steht, bestätigt auch das nur wenige Jahre später entstandene Epitaph des

1785 wurde das Stiftergrabmal aus der Mitte des Kirchenschiffs entfernt und im Chor an der Wand wie ein Epitaph im neuen Rahmen aufgestellt. Zeichnung bald nach 1785.

Grabtumba des Stiftsgründers Bischof Friedrich I. von Wettin in der Erphokapelle, geschaffen 1576 von Johann Reining aus Münster. Gesamtansicht.

Domdechanten Theodor Schade im Münsteraner Dom. Schade war zugleich Propst an St. Mauritz, fand seine letzte Ruhestätte jedoch im Dom. Johann Brabender wird dieses Epitaph als Ersatz für eine nach dem Tod des Klerikers 1521 gefertigte und von den Wiedertäufern zerstörte Gedenktafel geschaffen haben.[83] Die Darstellung des heiligen Mauritius, die sich nur geringfügig von der Figur auf dem Epitaph in St. Mauritz unterscheidet, ist ein Hinweis auf Schades Mauritzer Amt. In dieser elegant gekleideten, fast tänzerischen Figur mit auch in der Physiognomie korrekten Darstellung des Afrikaners Mauritius demonstriert Johann Brabender seine Vertrautheit mit dem höfischen Stil, aber auch seine Bildung in theologischen Inhalten und historischen Begebenheiten – Kenntnisse und Fähigkeiten, wie man sie nun in der Renaissance vom Künstler erwartete. (He)

Die Bischofsgräber

Die beiden Bischofsgräber werden ursprünglich, wie im 11. Jahrhundert üblich, von schlichten Grabplatten mit Inschriften bedeckt gewesen sein und hatten zunächst noch nicht die kastenartigen Aufbauten, die wohl im 15. Jahrhundert entstanden und den Wiedertäufern zum Opfer fielen. Grundsätzlich sind derartige Tumben nicht mit einem Sarkophag gleichzusetzen, in den der Leichnam gebettet wurde, sondern sie waren in der Regel leer. Das erlaubte später ihre Versetzung im Kircheninneren und erklärt auch, warum mehr als 40 Jahre vergehen konnten, bevor Dechant Bernhard Schenking 1576 die Errichtung eines neuen Grabmals für

Erpho-Tumba in der Erphokapelle, erneuert 1620.

den Stiftsgründer Friedrich veranlasste. Er beauftragte dazu den Münsteraner Bildhauer und Gildemeister Johann Reining, von dessen Werk sich nur diese Grabplatte erhalten hat.

Würdevoll tritt der Bischof Friedrich I. von Wettin in einer tief gearbeiteten Reliefplatte mit Mitra, Bischofsstab und einem mit prächtiger Borte geschmückten Mantel, unter dem er in Ritterrüstung gekleidet ist, vor Gott. Sein individuell gezeichnetes Gesicht ist betont von einer Muschelkalotte und der Körper hinterfangen von einem Vorhang, den kleine Engel zu seinen Füßen halten. Die Darstellung steht nicht mehr in der mittelalterlichen Tradition des liegenden Toten, sondern ist als Standfigur gearbeitet und zeigt das Portrait eines höchst lebendigen Herrschers. Der bildnerische Anspruch galt hier nicht der historischen Genauigkeit, sondern lag in der Formulierung eines Charakterbildes. In Zeiten von Glaubenskriegen und einer wiedererstarkten katholischen Kirche wollte man sich den frühmittelalterlichen Stiftsgründer als eine willensstarke Persönlichkeit vorstellen, die nicht nur ein starkes Oberhaupt der Kirche war, sondern als Landesfürst auch die Territorialmacht zu verteidigen wusste.

Die Grabtumba für Bischof Erpho ist erst 1620 als Ersatz für ein von den Wiedertäufern zerstörtes Hochgrab von 1492 durch die Finanzierung des Scholasters Jodocus von Werne möglich geworden. Eine Generation jünger als das Grabmal für Bischof Friedrich steht hier nicht mehr die Darstellung eines starken Herrschers im Vordergrund. Im Ausdruck des wie schlafend auf die Aufnahme ins Jenseits würdig wartenden Bischofs scheint der Bildhauer an die Sterblichkeit eines jeden von uns erinnern zu wollen. Die Insignien der Macht wie Bischofsmantel, Mitra und Stab und der darunter liegenden Rüstung sind zwar wie auf der Reliefplatte von Bischof Friedrich vorhanden, doch drückt sich in der bewegten Körperlichkeit des auf Kissen gebetteten Erpho schon eine Sinnlichkeit des Diesseits aus, die in Münster den Barock ankündigt.

Es gibt keinerlei Hinweise auf die Identität des Künstlers und wir sind auf Vermutungen angewiesen. Zur Entstehungszeit hatte das Stift St. Mauritz vielfach Beziehung zu Gerhard Gröninger, dem führenden Bildhauer der Stadt, der auch den Auftrag einen neuen Hochaltar für St. Mauritz bekommen hatte. In diesem Zusammenhang könnte vielleicht auch das Grabmal für Bischof Erpho entstanden sein. Die steinfarbene Übermalung, die in mehreren Schichten auf einer wohl ursprünglich farbigen Fassung liegt, erschwert allerdings eine sichere Zuschreibung. (He)

Oben links: Der hl. Mauritius auf der Giebelseite vom Schrein des Hl. Sigismund und seiner Söhne von ca. 1160 aus der Abtei Saint-Maurice in Saint-Maurice, Wallis/Schweiz. Bischof Sigismund hatte im Jahr 515 die Abtei St. Maurice gegründet, die als das älteste bestehende Kloster der westlichen Welt gilt.

Oben rechts: Die Kirchengemeinde St. Mauritz ließ das Relief 1945 nach der Vorlage des Sigismundschreins anfertigen, um dem Patron für seinen Schutz in Kriegszeiten zu danken. Mauritius hat hier, anders als im Vorbild, das Wappen mit den Ähren auf seinem Schild. Die Inschrift lautet „MAURITIUS O.P.N." (= ora pro nobis: bete für uns) A.D. 1945.

Mauritius und sein Schild

Seit der Mitte des 14. Jahrhunderts gibt es in unserer Kirche einige Mauritiusdarstellungen, die ein blaues Wappen mit 17 goldenen Ähren zeigen. Dieses sehr spezielle Wappenbild hat keine Vorbilder bei anderen Darstellungen von Mauritius und es gibt auch sonst keine Vergleichsbeispiele für ein gleichgeartetes heraldisches Motiv. Obgleich sich die Verehrung von Mauritius als Märtyrer weit ausbreitete, hatten seine Darstellungen keine feste Ikonographie über die soldatischen Attribute hinaus. Der Legende nach soll er die heilige Lanze, mit der Longinus dem Gekreuzigten in die Seite stach, getragen haben. Seine Darstellungen als Ritter präsentieren aber kein besonderes Wappenbild auf dem Schild. So zeigt die Darstellung von Mauritius auf dem Sigismundsschrein von Saint Maurice in Agaune aus dem späten 12. Jahrhundert, wie viele andere Verbildlichungen, den Heiligen als Kreuzritter mit einem Kreuz auf dem Schild.

In St. Mauritz taucht das Ährenwappen erstmalig auf einer silbernen Reliquiar-Statuette auf, die aufgrund von stilistischen Besonderheiten in die Jahre um 1340 datiert wird. Bis 1422, als der Mauritzer Stiftspropst Johann Thomae von Krefeld seine Schriftstücke mit einem Siegel legitimierte, das den Heiligen ebenfalls mit einem von Ähren geschmückten Schild zeigt, ist dieses Attribut fest in den lokalen Mauritiuskult übernommen und zum Erkennungszeichen des Stiftspatrons geworden.[84] Die Anzahl der

Linke Seite: Silberstatuette des hl. Mauritius, um 1340 entstanden und 1629 stark ergänzt.

Darstellung des heiligen Mauritius mit Ährenschild auf einem Geschäftssiegel („ad causas") an einer Urkunde von 1457 (Faksimile).

Rechte Seite: Kasel, Rückseite. Unten der Stifter der liturgischen Kasel Bernhard Tegeder vor dem Bildnis des Hl. Mauritius mit dem Ährenschild, Stickerei um 1500.

Ähren kann allerdings je nach Größe des Wappens oder auch des Materials stark variieren. Seine Herkunft und Bedeutung konnten bisher nicht sicher rekonstruiert werden. Eine mögliche Erklärung könnte sein, dass dieses „redende" Wappen im Laufe der Zeit im Stift quasi erfunden wurde.[85] Aus einer Vermischung des vom Stiftsgründer etablierten Mauritiuskultes und der großen Verehrung für Bischof Erpho als Gründer und Förderer des Stifts, der den eigentlichen Gründer Bischof Friedrich an Bekanntheit weit übertraf, hat man vielleicht das im 14. Jahrhundert geläufige mittelhochdeutsche Wort „äher" (Ähren) mit dem Namen Erpho gleichgesetzt. Derartige lautmalerische Gründe für ein Wappenmotiv sind nicht ungewöhnlich und finden sich etwa auch beim Stiftswappen von St. Quirinus in Neuss, das Mühlsteine abbildet, die in der mittelalterlichen Sprache „quern" heißen. Möglicherweise waren die Ähren aber ursprünglich die Märtyrerpalmen der Getöteten der Soldatenlegion, wie es Rainer Brandl vorschlug.[86] Dann wären sie in der stiftseigenen Rezeption allerdings schon bald nur noch als Ähren verstanden und dargestellt worden. (He)

INRI

Eine Kirche des Lichts. Der spätgotische Chor

Wie ein kostbarer Schrein wurde der spätgotische lichte Chor an die romanische Stiftskirche angesetzt. Aufriss von Chor und Sakristei nach Geisberg.

Elegantes steinernes Fischblasenmaßwerk füllt die Chorfenster der Mauritzkirche.

Nach der Vollendung der romanischen Kirche um 1200 blieb der Bau unverändert, wenn man die ständig notwendigen Pflegemaßnahmen einmal außer Acht lässt, ohne die die Bauwerke nicht erhalten bleiben. In der gotischen Epoche (nach etwa 1240) wurde aber die künstlerische Ausstattung vermehrt, von der im Stiftschatz kostbare Belege gehütet werden (siehe unten).

Häufig hat man Brände oder nach kriegerischen Ereignissen den Frieden zum Anlass genommen, die Kirche zu vergrößern oder zu modernisieren. So ist dies auch im roten Buch der Mauritzkirche von Bernhard Tegeder festgehalten. Nach einer Beschädigung des Chores in einer historisch nicht genau überlieferten Fehde wurde im frühen 15. Jahrhundert eine Erneuerung und Erweiterung des Chores in Angriff genommen, die aber erst einmal so schleppend erfolgte, dass eine Beschwerde nach Rom zum Papst erfolgte. Inzwischen hatte das Kollegiatstift von St. Ludgeri in Münster einen großen neuen Chor erhalten, der sogar den zierlichen von St. Lamberti übertrumpfte.

In Mauritz behielt der neue Chor die Breite des alten, wurde aber fast doppelt so lang und auch ein Drittel höher. Bis heute zeigt ein senkrechter Rücksprung in der Außenmauer, wo die dickeren romanischen Wände enden und das gotische Mauerwerk beginnt. Er umfasst zwei Gewölbejoche mit Kreuzrippengewölben und den Chorschluss aus fünf Seiten eines Achtecks.[87] Bei den neuen Mauern wird das romanische Bruchsteinmauerwerk beibehalten, die gotischen Teile erhalten dazu aber kräftige Strebepfeiler, die den Gewölbeschub nach außen aufnehmen. Dazwischen sitzen die hohen

Etwas kleiner, aber im Detail mit dem der Mauritzkirche verwandt ist der Chor der St. Servatiikirche in Münster. Aufriss nach Geisberg.

und breiten Spitzbogenfenster mit fein profilierten Laibungen. Ganz in gotischer Bauweise sind ihre Sohlbänke in das umlaufenden Wasserschlaggesims eingesetzt, dessen Name verrät, dass es die unteren Mauern vor der Nässe schützt. Das dreibahnige Maßwerk in den Fenstern ist ganz fein gearbeitet. Es zeigt in den Bogenzwickeln flammend geschweifte Ornamente, die als spätgotische Fischblasen bezeichnet werden. Die drei östlichen zeigen auf zwei liegenden Fischblasen drei in eine Mandelform gefügte stehende Fischblasen. Ihrer Gestalt liegen sicher die Bedeutungen der mittelalterlichen Zahlensymbolik zugrunde, wenn wir auch nicht die Gedanken der Erbauer

Das lichte Innere und die feinen Kreuzrippengewölbe prägen den 1476 geweihten Chor der Mauritzkirche.

An zentraler Stelle im Chorschluss der Mauritzkirche ist das Antlitz Christi im Schlussstein dargestellt, im Schweißtuch der Veronika.

Das Wappen des Erbauers des spätgotischen Chores der Mauritzkirche gehörte Propst Heinrich von Franzoys, der 1471 verstorben ist.

kennen. Die Zahl Drei in Eins steht sehr oft für das Geheimnis der göttlichen Dreieinigkeit.

Im Münsterland sind diese lebhaften Maßwerkformen kennzeichnend für das späte Mittelalter, in Münster ist der Chor der St. Servatiikirche dem der Mauritzkirche ähnlich. Er ist etwa gleichzeitig oder wenig später entstanden.

Damit die bleiverglasten Scheiben dem Winddruck standhalten, sind in die steinernen Maßwerkstäbe waagerechte Windeisen eingelassen. Die heutigen feinen Ornamentfenster ersetzen die kriegszerstörten des 19. Jahrhunderts.

Das Chordach wurde mit den Baumaßnahmen um 1862 erneuert und mit Schiefer gedeckt. Es ist nicht mehr so steil wie sein Vorgänger, damit die durch den Neubau des Langhauses nun stärker eingebauten Osttürme in ihren Freigeschossen optisch mehr Gewicht bekommen. Auch im Inneren des Chores mussten damals Reparaturen vorgenommen werden, weil das Gewölbe im Chorschluss beim Abbruch ebenso einstürzte wie das reparierte, erst das dritte war standfest ausgeführt (1861).[88] Die Figuren an den Diensten, auf denen die Gewölberippen aufsetzen, sind mit ihren Sockeln und Baldachinen eine neugotische Zutat (siehe unten). Aber die Kapitelle, auf denen die Gewölberippen ansetzen, zeigen das feine distelige Blattwerk der Spätgotik. Genauso alt sind auch die Schlusssteine im Gewölbe. Im Westjoch sind Blätter gemeißelt, im Mitteljoch ist das Wappen des Propstes Heinrich von Franzoys dargestellt, in dessen Zeit der Chor entstanden ist. Er verstarb 1471. Der Schlussstein im Chorpolygon zeigt das Schweißtuch der Veronika. Der Legende nach hatte sie mit ihrem Tuch den Schweiß Jesu auf seinem Leidensweg nach Golgotha getrocknet und im Tuch verblieb das Bild des Antlitz Christi. In der Spätgotik ist dies ein wichtiger Teil bei den Darstellungen des Leidenswegs Christi.

Von 1449 bis 1450 sammelte Dechant Johann Schenking Gelder für einen neuen steinernen Lettner anstelle des romanischen, der als Zwischenfach bezeichnet wurde. Es wurde ein Vertrag mit einem Meister Wilhelm geschlossen, der die Ausführung übernahm. Dieser Lettner konnte bei den Grabungen durch Uwe Lobbedey in Resten aufgefunden werden und ist als gewölbter Gang mit Durchgängen zum Chor zu rekonstruieren.[89]

Dem spätgotischen Chor waren die romanische Apsis und die romanischen Gewölbe geopfert worden. Auch der Hochaltar war 1446 abgebrochen und weiter östlich neu errichtet worden. Seine Reliquien, in einem Bleikästchen eingebettet, wurden in den neuen Altarblock eingefügt. Die Urkunde nennt auch das Siegel Bischof Erphos an den Reliquien. Die feierliche Weihe nahm Weihbischof Johannes Immink, Weihbischof in Paderborn und Münster, 1476 vor. Als Patrone des Hochaltars wurden „Mauritius Dux cum sociis" (Mauritius, Anführer-Befehlshaber, mit seinen Gefährten) genannt.

Noch bis 1870 stand der nach den Wiedertäufer-Zerstörungen wiederaufgebaute Lettner im Dom zu Münster. Der Lettner der Mauritzkirche war kleiner, aber im Aufbau vergleichbar. Farblithographie von Wilhelm Riefstahl, 1859/60.

Der gotische Baustil unterscheidet sich vom romanischen durch seine gerüstartige Konstruktion, die relativ leichte Gewölbe und große Fensteröffnungen ermöglicht. Die Fülle an Licht, die durch diese Fenster den Kirchenraum prägt, wurde mit dem göttlichen Licht in Christus theologisch ausgedeutet. Daher wurden viele Fenster farbig verglast und zeigten biblische Szenen und Heilige. In den alten Kirchen Münsters blieben keine Glasfenster erhalten, sie wurden meist von den Wiedertäufern zerstört.

Doch die Fenster im nördlichen Seitenschiff des Domes in Münster, die 1820 aus dem Kloster Marienfeld hierher verbracht wurden, sind eine gute Hilfe, sich das helle und sanft strahlende Chorinnere in der Spätgotik vorzustellen. Sie entstanden am Ende der Spätgotik um 1540/50.

Von der mit dem Chor geschaffenen spätgotischen Ausstattung, wie Hochaltarretabel, Sakramentshaus und Chorgestühl ist nichts mehr erhalten. (Rk)

Die helle Klarheit spätgotischer Glasmalerei zeigen noch die Marienfelder Fenster im nördlichen Seitenschiff des Münsterschen Domes. In Mauritz wurden solche Fenster schon im 18. Jh. und dann im 19. Jh. ausgetauscht.

Die Sakristei und ihre liturgischen Schätze

Die Sakristei entspricht heute noch im Großen und Ganzen dem Bau, der zusammen mit dem gotischen Chor in den Jahren vor 1476 entstand. Als Nebenraum mit direktem Zugang zum Altarbereich ist sie der Ort, an dem sich der Priester zur Messe ankleidet und alle Dinge aufbewahrt sind, die für den Gottesdienst benötigt werden. Doch die Besonderheit des einjochigen Raumes sind nicht nur seine schönen gotischen Proportionen. Seit dem Mittelalter hatte die Sakristei die Funktion eines quasi sakralen Zwischenraums. Alles, was dort vollzogen wurde, geschah mit besonderer Ehrerbietung und noch heute ist der Übergang von der Sakristei in den Kirchenraum begleitet von speziellen Riten. So spricht der Priester ein Sakristeigebet, bevor er im Kirchenraum von der Glocke angekündigt wird und den Chor betritt.

Möglicherweise ist der Vorgängerbau der gotischen Sakristei identisch mit der Michaelskapelle, in der 1318 ein Altar des Heiligen Raphael mit Vikarie aufgestellt war, was ihr in der Folgezeit den Namen Raphaelskapelle einbrachte.

Das Kreuzrippengewölbe der Sakristei des 15. Jahrhunderts hat einen Schlussstein mit Pelikan, ein Motiv, das als Zeichen des Opfertods auf die Bestimmung des Raumes als Sakristei hinweist. Das zweibahnige Maßwerkfenster bestätigt sein Alter. Eine *Piscina* aus der Erbauungszeit bezeugt die Funktion des Raumes. In diesem Becken in der östlichen Wand, das mit einem schönen Maßwerkbogen überfangen ist, reinigte der Priester seine Hände und das Altargerät. Der Abfluss ging durch das Mauerwerk direkt nach außen, wo die Reste in den geweihten Boden des Friedhofs flossen, der bis an die Kirchenmauer reichte. In einer Abschrift von Inschriften aus dem 17. Jahrhundert von geistlichen Orten Münsters hat sich ein lateinischer Vers erhalten, der neben dieser Piscina in der Mauritzer Sakristei angebracht war: *„Diesen Ort, wo der Priester die Hände und den Kelch mit Wasser reinigt, soll man sich schämen, mit Urin zu entweihen.“* [90] Dass diese Ermahnung notwendig war, zeigt, dass wohl nicht immer so viel Ehrfurcht waltete, wie sie dem Raum angemessen gewesen ist.

Der Zutritt zur Sakristei war strikt reglementiert und für Laien grundsätzlich ausgeschlossen. Bis ins 19. Jahrhundert hatte die Sakristei keinen Eingang von außen, sondern konnte nur vom Chor aus und vielleicht noch vom Kreuzgang aus betreten werden. Auf diese Weise waren auch die in ihr befindlichen Kostbarkeiten und Kleinodien gesichert. Sehr früh schon bediente man sich der starken Mauern des südlichen Ostturms, um die wertvollen Sachen in einem *Armarium* unterzubringen. Rechnungen aus verschiedenen Jahrhunderten belegen, dass man zum Schutz der kostbaren Reliquiare und der liturgischen Geräte feste Schränke bauen ließ und diese mit großen Schlössern sicherte, die aber Diebstähle nicht verhindern konnten.[91]

Vor einer Gefahr ganz anderer Art wollte Pastor Berghaus den wertvollen Kirchenschatz im Kriegsjahr 1944 bewahren. Nachdem auch Mauritz schlimme Bombardierungen erlebt hatte, ließ er die wertvollen metallenen Gefäße und Gerätschaften des Kirchenschatzes in Milchkannen verpacken. Diese wurden dann in Teerpappe eingehüllt auf Bauerhöfen in Everswinkel und Herbern vergraben. Die Schätze kamen nach dem Krieg vollständig und unbeschädigt in die Kirche zurück. (He)

Linke Seite: Inneres der gotischen Sakristei der Mauritzkirche nach Osten.

Messglockenkordel an der Sakristeitür der Mauritzkirche. Zeichnung von Kathrin Behrendt, 1998.

Die Piscina in der Ostwand der Sakritei ist eine Waschnische für die Reinigung der liturgischen Geräte. Sie stammt aus der Bauzeit der Sakristei.

Der Pelikan im Schlussstein der Sakristei der Mauritzkirche ist ein Hinweis auf Christus als Erlöser.

Die meisten der kostbaren Goldschmiedearbeiten für die Nutzung im Gottesdienst waren wertvolle Stiftungen der Kanoniker. Derartige fromme Gaben erhöhten in der Vorstellungswelt der mittelalterlichen Menschen – ebenso wie eine großzügige Almosenbereitschaft – die Aussicht auf Erlösung nach dem Tode und auf ewiges Leben. Vor allem die Bereitstellung von Gerätschaften für den eucharistischen Teil der Messe, die Vasa Sacra, hatten großen Wert, weil sie in der heiligen Wandlung der göttlichen Gegenwart besonders nahekamen. Wie auf den Epitaphien bewirkte die Namensnennung auf den sakralen Geräten, dass die Stifter in das Altargebet aufgenommen wurden und auf Fürsprache hoffen durften, weshalb nicht selten Stifternamen in Inschriften der Objekte zu finden sind.[92] Vergleicht man Art und Qualität der Vasa Sacra des Stiftes von St. Mauritz mit denen des Doms so zeigt sich, dass die Pröpste von St. Mauritz – sie waren ja fast alle in Personalunion mit dem Domstift verbunden – diesem in ihren kunstfertigen Gaben nicht nachstanden.

Schon im Frühmittelalter war es üblich, für Kelch und Hostienschale, die mit der heiligen Wandlung unmittelbar in Berührung kamen, nur edle Materialien zu verwenden, um sie von alltäglichen Gegenständen zu unterscheiden.[93] Aber im Glanz und in der Makellosigkeit der Edelmetalle sah man auch einen göttlichen Ausdruck. Die Ehrfurcht vor der eucharistischen Verwandlung von Brot und Wein in den Leib und Blut Christi nahm im Laufe des Mittelalters zu und bald nahmen aus einer Art Scheu vor dem Heiligen immer weniger Gläubige an der heiligen Kommunion teil, weshalb die Priester in aller Regel allein die heiligen Gaben zu sich nahmen. Um die versammelten Gläubigen aber am Altargeschehen Anteil nehmen zu lassen, entwickelte sich mehr und mehr eine Liturgie, die ganz aufs Schauen ausgerichtet war, und weithin sichtbare Altargeräte verwendete. Die Elevation der Hostie, aber auch die demonstrative Durchführung von sakralen Riten wie etwa die Verwendung von Weihrauch, die rituelle Händewaschung mit Aquamanile und Lavabo und anderes erweiterten die am Altar benötigten Gerätschaften wie Altarkreuz und Leuchter. (He)

Kelch des Thesaurars und Scholasters Johann Friedrich Plönies. 1634 von Gotthard von Beveren gearbeitet. Auf den Flächen des Fußes szenische Darstellungen, darunter der Stiftsgründer und Mauritius.

Weihrauchfass von 1524

Von diesen Objekten sei hier ein zum Schwenken an Ketten aufgehängtes Weihrauchfass aus Silber vorgestellt. Nach einer Rechnung des Goldschmieds Johann Mencke wurde es wohl 1524 geschaffen[94] und kommt noch heute in besonders feierlichen Messen zum Einsatz. Im frühen 17. Jahrhundert wurde der untere Teil, das Kohlebecken, erneuert. Wenn auch jünger, so ist es für die Kunstgeschichte Münsters von besonderem Wert, weil es die ältesten Garantiezeichen des Silberschmiedehandwerks in Müns-

Weihrauchfass von 1524 aus dem Stiftsschatz der Mauritzkirche. Der Münstersche Goldschmied Johannes Menke fertigte es aus Silber.

ter trägt: neben der Meistermarke des Goldschmieds Heinrich Hölscher eine sog. Stadtbeschau.[95] Als Deckel hat das Weihrauchfass einen zweistöckigen gebuckelten Kohlebehälter mit runden Ecktürmchen und krabbenbesetzen Giebeln sowie durchbrochenem Maßwerk. Der Aufbau imitiert damit die Architektur eines Sakralbaus mit Vierungsturm und stützenden Strebepfeilern und verwendet gotische Formen, wirkt aber insgesamt sehr manieristisch und ist inspiriert von verschiedenen Vorbildern. (He)

Reliquien

Der wichtigste Schatz einer Kirche in vormoderner Zeit aber waren nicht ihr Gold und Silber, sondern die Reliquien, wie die hohe Wertschätzung von Reliquien nicht nur in Zeiten mittelalterlicher Schaufrömmigkeit bezeugen. Noch 1970 wurden die damals durch den Abt von St. Maurice in Agaune übereigneten Gebeine von Märtyrern der Thebäerlegion konsekriert und in den neuen Gemeindealtar eingelassen. Mit der Präsenz eines Partikels der Gebeine von Heiligen schien den Gläubigen eine Art körperliche Verbindung zum Göttlichen geschaffen, denn durch ihren Märtyrertod waren diese Heiligen einer besonderen göttlichen Auszeichnung sicher und fuhren direkt in den Himmel auf.[96] Dementsprechend sorgfältig wurden die irdischen Überreste mit kostbarer Seide umwickelt und mit goldenen Fäden verschnürt, bevor man sie in glänzende Gefäße oder in goldene und

Der spätere Fuß zum Erphokreuz ist selber wieder ein Reliquiar, spätmittelalterlich, neuzeitliche Ergänzungen.

silberne Objekten einließ, um sie aufzubewahren und zur Schau zur stellen. Zu bestimmten Tagen wurden solche Reliquiare auf den Altar gestellt. Hier wurde am heiligsten Ort der Kirche ihre besondere Leuchtkraft im wörtlichen und im übertragenen Sinne sichtbar und konnte auf die Gläubigen ausstrahlen. (He)

Zwei Reliquienstatuetten

Für die Mauritzkirche waren zwei rund 40 cm hohe, silberne Reliquienstatuetten aus der Mitte des 14. Jahrhunderts durch die Zeiten von besonderer Bedeutung.

Eine überaus fein gearbeitete Statuette der Gottesmutter mit Krone und Zepter als Himmelskönigin ausgewiesen und dem Jesuskind auf dem rechten Arm steht auf einem sorgfältig gearbeiteten Sockel, der mit gotischen, farbig hinterfangenen Spitzbogenfenstern und präzise gearbeiteten, gotischen Strebepfeilern an den Sockelkanten geschmückt ist. Stilistisch kann man die silberne Figur in einen Werkstattzusammenhang mit einzelnen Figuren eines bemerkenswerten Zyklus von 15 Silberstatuetten im Münsteraner Dom bringen, die dort zusammen mit andern Reliquiengefäßen über viele Jahrhunderte im Hochaltarretabel in besonderen Nischen standen.[97] Ihre Formensprache zeigt Stilformen, die möglicherweise reisende Goldschmiede aus Paris über Köln nach Münster brachten und die sich hier niederließen, weil es vom Domstift und anderen Kollegiat- und Damenstiften immer wieder gute Aufträge gab. Obgleich die Statuette vollrund ausgearbeitet ist, lässt die Haltung und ihr Ausdruck annehmen, dass sie wohl an zentraler Stelle des Mauritzer Hochaltares aufgestellt war. Ihre besondere Verehrung belegt auch eine etwa 100 Jahre jüngere Kette mit einem beidseitig gearbeiteten Medaillon mit Darstellungen der Madonna im Strahlenkranz und dem hl. Sebastian als Märtyrer – vermutlich eine Votivgabe der Sebastianbruderschaft, die in St. Lamberti ansässig war.

Silberne Reliquienstatuette der Madonna mit Kind, teilweise vergoldet, um 1380. Aus dem Stiftsschatz der Mauritzkirche, Detail.

Die andere zum Teil feuervergoldete Silberstatuette des heiligen Mauritius aus den Jahren um 1340 war in allen Jahrhunderten im Stift sehr verehrt, weil sie im Innern Partikel von Gebeinen des Stiftpatrons trägt. Mit der prächtig glänzenden Figur wurde diesem wichtigsten Heiligen, auf dessen Fürsprache man besonders hoffte, in der Mauritzkirche eine sichtbare und spürbare Gegenwart gegeben, durch die man sich mit dem Märtyrer in einer religiösen Gemeinschaft fühlen konnte. Obwohl in der Barockzeit mittelalterliche Bildwerke weniger geschätzt waren, hat man diese Darstellung als Ritter des Glaubens in siegreicher Pose unverändert verehrt. 1629 wurde die Figur repariert und ergänzt, wie Rechnungen ausweisen.[98] Die vermutlich beschädigten Beine, die ursprünglich gepanzerte Beinschilder trugen, ersetzte man damals durch hochschaftige Kanonenstiefel und platzierte die Skulptur auf einen neuen querformatigen Sockel (Abb. S. 54).

Die Silberstatuette zeigt Mauritius mit Schwert, Schild mit den goldenen

Eine von zwei Mantelschließen, um 1340.

Armreliquiare des St. Mauritius und des St. Exuperius aus dem Stiftsschatz der Mauritzkirche. Bernt Menke fertigte sie 1497 in Münster, ergänzt 1585 vom Goldschmied Johann tor Borch aus Dortmund.

Ähren und Lanze des Longinus, die man bei der Reparatur zu einer Standarte mit Wimpel umfunktionierte. Gesicht und Hände sind schwarz nielliert, um ihn als Afrikaner auszuweisen. Der Gesichtstypus ist aber keinesfalls afrikanisch, stattdessen weist er eine frappierende Ähnlichkeit zu den lebensgroßen Figuren des Doppelgrabmals der Grafen von Cappenberg sowie der steinernen Tumbenfigur des 1335 verstorbenen Gottfried von Bergheim in Münstereifel auf, was für eine zeitgleiche Entstehungszeit spricht.[99] Der Stifter der Mauritiusfigur, dessen Name vermutlich am 1629 ausgetauschten Sockel genannt war, wird unter den Kanonikern zu suchen sein. (He)

Die beiden Mantelschließen

Zwei große Mantelschließen, die bei Prozessionen und Hochfesten die Chormäntel der Kanoniker zierten, zeigen fast identische Darstellungen des Heiligen Mauritius. Auch sie werden wie die Reliquienstatuette in die Jahre zwischen 1340–1350 datiert.[100] Solche üppig verzierten Schließen, wie die Mauritzer Exemplare oft als Vierpaßform mit eingeschriebenem Rechteck gearbeitet, waren mit Wappen und Inschriften versehen und als Stiftungen sehr beliebt. Die Mauritzer Exemplare zeigen zwar keinen Hinweis auf ihren Stifter, sind für uns aber von besonderem Wert, weil auch sie das später als Stiftswappen geltende blaue Schild mit 17 goldenen Ähren zeigen. (He)

Die beiden Armreliquiare

Wie vielfältig die Stiftungen in Gold und Silber sein konnten, belegen weitere Stücke des Kirchenschatzes. Die beiden silbernen Armreliquiare, die der Kanoniker Heinrich Bischopink stiftete, weisen mit ihrer Form auf den Inhalt hin: Armreliquien des heiligen Exuperius und eines weiteren Märtyrers der Thebäischen Legion, beide Gefährten des Heiligen Mauritius. Über die Herstellung dieser beiden etwa lebensgroßen Unterarmnachbildungen sind zwei urkundliche Nachrichten erhalten, die nach dem Rechnungsbuch der Stiftsküsterei 1497 von Gold-

Zwei Kronen aus vergoldetem Silber im Stiftsschatz der Mauritzkirche. Sie wurden kurz vor 1500 gefertigt und konnten Heiligenstatuen aufgesetzt werden.

schmied Bernt Mencke in Münster hergestellt wurden – der einzige Fall, in dem die Arbeit eines ansässigen Goldschmieds urkundlich belegt ist, und folglich eine genaue Datierung und Zuschreibung möglich ist.

Auf den Schauseiten der beiden Arme gibt ein hohes, schmales mit Maßwerk geschmücktes Fenster den Blick frei auf die im Innern aufbewahrten Reliquien. Oberhalb des Fensters ist der Reliquienarm des Exuperius mit einem gefassten Bergkristall geschmückt, darunter sieht man das Bischopinksche Wappen. Der andere Arm scheint nach dem Vorbild des ersten gearbeitet sein, allerdings ist der sechseckige Sockel etwas schlichter. Beide Arme wurden 1585 gestohlen und kehrten ohne Hände in das Stift zurück, die im selben Jahr vom Dortmunder Goldschmied Johann tor Borch neu angefertigt wurden.[101]

Anlässlich seines Besuchs in der Abtei Saint Maurice in Agaune (Schweiz) erhielt Pfarrer Berghaus 1936 noch eine große Reliquie „ex ossibus SS Thebaeorum“ (aus den Knochen der gefallenen Thebäer), die dann in Mauritz feierlich in einen der Reliquienarme eingelassen worden ist[102]. (He)

Zwei Kronen

Zwei reich verzierte Kronen aus vergoldetem Silber schmückten einst Reliquien, die heute nicht mehr erhalten sind. Nach der Überlieferung besaß das Stift zwei Häupter von Gefährten des heiligen Mauritius. Eine Rechnung belegt, dass sie 1626 mit rotem Samt neu bezogen wurden und noch silberne Kränze erhielten. Eine der beiden Kronen zeigt das Wappen der Familie Belholt, sodass wir sie, wie auch die sonst gleiche andere Krone einer Stiftung des Dechanten Johann Brouverinck gen. Belholt zuordnen können, den wir bereits von seinem 1488 entstandenen Epitaph in der Erphokapelle kennen, und also eine Entstehungszeit im ausgehenden 15. Jahrhundert annehmen dürfen. Der Dechant hatte dem Stift testamentarisch fünf Silberschalen überlassen, um daraus Schmuck für Reliquien zu erstellen.[103]

Nicht selten schmückten solche Kronen Gnadenbilder, wobei die Kronen dann unterschiedlich groß waren, wenn die kleinere für das Haupt des Jesuskindes bestimmt war. Im Zierrat der Mauritzer Kronen gibt es aber Kruzifixmotive, die als Zeichen für den Märtyrertod zu verstehen sind und ihre Verwendung als Schmuck von Reliquienhäuptern plausibel macht. Es bleibt die Frage, ob sie direkt auf dem mit Stoff umhüllten Schädel saßen oder ob diese in hölzernen Büsten untergebracht waren, deren Köpfe dann mit den Kronen verziert waren. Obwohl derartige Kronen im Spätmittelalter an Gnadenbildern und Heiligenfiguren beliebt waren, sind in Westfalen bis auf ein weiteres Stück in Freckenhorst keine weiter mehr erhalten, was die Bedeutung der Mauritzer Kronen noch erhöht.

Zwei später entstandene silberne Gesichtsmasken, die 1720 von dem Münsteraner Goldschmied Heinrich Hertleif hergestellt wurden und die sich im Kirchenschatz befinden, sollen seit dem 18. Jahrhundert als Front von hölzernen Reliquiarbüsten gedient haben. Nagellöcher am Hals lassen diese Form der Verwendung vermuten. (He)

Dalmatik, Stiftung des Scholaster Bernhard Tegeder um 1500. Die Borten wurden 1910 restauriert und auf eine speziell in Krefeld hergestellte kostbare Brokatseide appliziert.

Paramente

Die liturgischen Gewänder der Kanoniker wurden ebenfalls in der Sakristei aufbewahrt, bei den Messfeierlichkeiten angelegt und je nach Festkalender und vorgeschriebenen Zeremonien um Manipel, Stolen und anderes aufwendig ergänzt.[104] Heute ist in Mauritz neben verschiedenen Paramenten aus dem 18. Jahrhundert noch ein Ensemble von drei Gewändern aus rotem Brokatstoff mit reich bestickten figurativen Borten erhalten, die in spätmittelalterliche Zeit datiert werden können. Es handelt sich dabei um eine Kasel – das Messgewand des Priesters –, eine Dalmatik und eine Tunizella – Gewänder des Diakons und des Subdiakons –, die bei feierlichen Gottesdiensten dem Priester assistieren. Die rote Farbe der Gewänder sowie ihr Schmuck sprechen für ihren Gebrauch bei Märtyrerfesten, für die Rot als liturgische Farbe vorgegeben war. Sie stammen aus dem Besitz des Scholasters Bernhard Tegeder, dem Verfasser des 1492 erstellten *liber rubeus*, der uns auch als Stifter eines Kelchs bekannt ist.

Liturgischen Textilien wurde im Mittelalter eine große Wertschätzung entgegengebracht. Für sie wurden große Summen aufgewendet, denn die Gewänder des Priesters, das Kelchvelum oder andere Altartücher waren dem eucharistischen Geschehen besonders nah.[105] Auf der prächtigen, gestickten Borte an der Rückseite – also der Schauseite – der Kasel, die besonders gut im Moment der Elevation der Hostie sichtbar war, hat sich der Stifter vor dem Bild des heiligen Mauritius in anbetender Haltung, als Schöpfer dieser kostspieligen Stiftung im gestickten Schmuck verewigen lassen, auch hier, um sich besondere Fürsprache zu erhoffen.

Die wohl aus den Jahren um 1491 stammenden Gewänder sind bei ihrer Reparatur 1910 von Franziskanerinnen in Salzkotten praktisch erneuert worden. Wie in der Pfarrchronik verzeichnet, tauschte man den Gewandstoff aus und ließ dafür eigens einen roten Seidenbrokatstoff in Krefeld herstellen. Dabei wurden die mittelalterlichen Stickereien von der Borte gelöst und auf neue Goldstäbe an Vorder- und Rückseite der Gewänder aufgenäht und zum Teil überarbeitet. Die detailliert gestickten Bilder zeigen einen reichen gotischen Figurenzyklus von Heiligen und zentrale Motive des Heilsgeschehen wie Verkündigung, Geburt Christi und Kreuzigungstod. Nicht erst durch den neuen Krefelder Stoff haben diese Gewänder eine erhebliche Stoffmenge, ganz zu schweigen von ihrem großen Gewicht, womit sie die Bedeutung der Messgewänder als „süßes Joch Christi", das der Priester in der Nachfolge Christi zu tragen habe, sinnfällig symbolisieren.[106] (He)

Frömmigkeit am Ausgang des Mittelalters

Die Bildwerke aus dem späten Mittelalter, die in der Mauritzkirche erhalten sind, offenbaren eine tiefreligiöse Zeit. Das von der Geisteshaltung der Mystiker geprägte Glaubensverständnis sah in der *compassio*, dem Vergegenwärtigen der Leiden Christi, den Schlüssel zum Erlebnis der unmittelbaren Gegenwart Gottes. Zugleich nahm die Verehrung der Gottesmutter zu als jenem Menschen, dem die unmittelbare Gotteserfahrung bereits im Leben zuteil worden war und die jeder Mensch in der Nachahmung der Hingabe Mariens erfahren und erkennen konnte. Seit dem 14. Jahrhundert sind in den Kirchen immer mehr marianische Gnadenbilder und Darstellungen der Passion Christi nachgewiesen, denen erst um 1500 regelrechte Kreuzwegandachten folgten. (He)

Die Passionstafel

In diesen Zusammenhang gehört die oberhalb der Tür zum nördlichen Chorturm angebrachte, geschnitzte Bildtafel. 16 Nischenreliefs in vier Bildregistern zeichnen den Leidensweg Christi nach, beginnend mit der Verabschiedung von der Mutter bis zur Grablegung. Die Überlieferung, die Tafel stamme aus dem von Dechant Rudolf von der Tinnen gestifteten Armenhaus,[107] lässt sich archivalisch nicht belegen. Sicher ist die Tafel sehr viel älter als das 1699 gegründete Armenhaus und stammt vermutlich aus einem größeren Altarzusammenhang. Bei der Renovierung der Kirche nach dem Zweiten Weltkrieg fand man sie unbeachtet und grau angestrichen in einer Ecke der Sakristei. Diese Farbfassung ist wohl in den ersten Jahrzehnten des 19. Jahrhunderts aufgebracht worden, als man generell die Buntheit mittelalterlicher Bildwerke nicht schätzte und die Holzwerke in ein Laugenbad gab. Die davon verursachten Risse in der Passionstafel wurden dann mit einer dicken grauen Ölfarbe kaschiert. Seit ihrer Restaurierung in den 1950er Jahren präsentiert sich das Relief heute wieder als zartfarbiger Bilderreigen. Die Lesart, beginnend unten links mit dem Abschied der Mutter und nach oben, in jeder Reihe wieder von links lesend bis zu Grablegung ist ungewöhnlich, lässt aber eine Korrespondenz mit einem Auferstehungsbild vermuten, das oberhalb der Bildtafel zu denken ist.

Die Schnitzarbeiten der kleinen figürlichen Szenen wirken auf den ersten Blick etwas grob, doch waren die Oberflächen ursprünglich mit einer Farbfassung auf Kreidegrund glatter und feiner, weshalb eine differenziertere Schnitzarbeit nicht erforderlich war. Die Ähnlichkeit einzelner Motive aus den Passionsszenen mit sechs steinernen Reliefs, die in einem Wirtschaftsgebäude auf Schloss Havixbeck verbaut waren, ist bereits 1934 bemerkt worden.[108] Inzwischen sind noch vier weitere Reliefs der Havixbecker Bilderreihe entdeckt worden, die Reinhard

Hölzerne Passionstafel, wohl um 1530, aus der Werkstatt des Meisters der steinernen Kreuzwege (Lüdeke Brabender). Sie wird ursprünglich in einem anderen Kirchenraum gehangen haben und kam der Stiftsüberlieferung nach aus einem Armenhaus in die Mauritzkirche.

Karrenbrock zusammen mit einem 13 Stationen umfassenden Kreuzweg aus dem niederländischen Aalten bei Bocholt der Werkstatt von Lüdeke Brabender zuordnet.[109] Zahlreiche Motive zeigen solche Übereinstimmungen mit den Szenen der Mauritzer Passionstafel, dass hier ein Werkstattzusammenhang und eine Entstehungszeit um 1530 angenommen werden darf. Wie wir wissen, war es nicht ungewöhnlich, dass die Bildhauerwerkstätten je nach Auftrag und Funktion des bestellten Bildwerks sowohl in Stein als auch in Holz gearbeitet haben.[110] Die Mauritzer Passionstafel kann Karrenbrocks Vermutung bestätigen, dass sich diese Werkstatt auf die Darstellung von Stationen der Passion spezialisiert hatte, noch bevor der uns heute vertraute 14-teilige Kreuzweg mit einheitlichem Bildprogramm üblich war. (He)

Steinreliefs vom Meister des steinernen Kreuzwegs, wohl von Lüdeke Brabender.

Die hölzerne Madonna

In der nordöstlichen Außenwand der Chorapsis befindet sich eine tiefe Steinnische, die eine Holzmadonna in spätmittelalterlichen Formen beherbergt. Wahrscheinlich schon in der Spätgotik angelegt, war die Nische wohl immer mit einem schmiedeeisernen Gitter geschlossen. Der ungewöhnliche Ort für ein Andachtsbild hat mit der Lage des alten Friedhofs zu tun, der bis an die nördliche Außenmauer der Kirche und rund um den Chor reichte. Bei Begräbnissen und Totengedenken konnten die Trauerenden ihre Bitte um Fürsprache direkt an das Andachtsbild in der Kirchenwand richten.

Die tiefe Verehrung für Maria im Mittelalter war auch in den Jahrhunderten nach der Reformation weit verbreitet. Als im Bistum Münster noch 1950 eine Dekade der Marienverehrung ausgerufen wurde, ließ der Kirchenvorstand das Marienbildnis restaurieren und betonte ihre Bedeutung durch die Verzierung der Nische mit Gebetstexten. Nach Vandalismus an Bildstöcken und Skulpturen um die Mauritzkirche herum wurde die Holzskulptur 1975 durch eine Nachbildung ersetzt und das Original im Pfarrhaus sicher aufbewahrt.[111]

Die knapp einen Meter hohe, dreiviertelrund gearbeitete Figur der jungen Maria mit versonnenem Blick hält ein zartes Jesuskind mit Weltkugel auf dem linken Arm. Auf ihrem Haupt trägt sie über der langen gelockten Haarpracht eine Krone. Das schlichte Untergewand ist ungegürtet und lenkt mit tiefen diagonalen Falten den Blick des Betrachters auf den segnenden Jesusknaben. Auffällig sind die relativ großen Hände der Maria, die zu ihrer fast kindlichen Erscheinung beitragen. Ganz im Sinne der spätmittelalterlichen Marienfrömmigkeit betont das Bildnis trotz ihrer Darstellung als Himmelskönigin die Menschlichkeit der Gottesmutter.

Dieser Figurentypus wie auch einige konkrete Details der Plastik zeigen enge Übereinstimmungen mit Figuren aus der Werkstatt des Münsteraner Bildhauers Evert von Roden, der um 1489 ja auch das Epitaph für den Mauritzer Stiftskanoniker Johannes Belholt geschaffen hat. Es ist bekannt, dass Evert von Roden je nach Auftrag sowohl in Stein als auch in Holz gearbeitet hat.[112] Besonders nah sind die Übereinstimmungen mit einer ihm zugeschriebenen steinernen Madonna im Kölner Schnütgen-Museum. Bei beiden Figuren sind das ornamental gewellte Haar – auch im Haarschopf des Kindes –, die Falten des Untergewandes und die Schüsselfalten des gerafften Mantels, besonders aber die langgliedrigen Hände fast identisch. Trotz des nur fragmentarischen Erhalts des Jesuskindes der Kölner Skulptur weist der schmale Kindeskörper mit der auffälligen Bauchfalte über dem Nabel auf denselben Bildhauer. Nichts deutet darauf hin, dass unsere Figur ursprünglich eine Farbfassung hatte, was für solche Skulpturen nicht unüblich war.[113] (He)

Hölzerne Marienstatue aus der äußeren Chornische der Mauritzkirche. Um 1490 wohl in der Werkstatt des Evert von Roden gearbeitet. Zustand um 1952.

Maria mit Kind aus Baumberger Sandstein, heute im Museum Schnütgen in Köln und im 19. Jahrhundert in Westfalen angekauft. Sie gilt als ein frühes Werk von Evert van Roden und ist wohl um 1500 entstanden.

Hölzerne Marienstatue aus der äußeren Chornische der Mauritzkirche. Um 1490 wohl in der Werkstatt des Evert von Roden gearbeitet.

Silberne Reliquienstatuette der Madonna mit Kind, teilweise vergoldet, um 1380. Aus dem Stiftsschatz der Mauritzkirche. Die Kette mit dem Medaillon ist eine spätere Zugabe und ca. 1490 entstanden.

Reformation und Täuferherrschaft. Die Zerstörung des Mauritzstifts

Das Epitaph des Johann Schenking von 1471 in der Mauritzkirche wies vor seiner Restaurierung 1961 die typischen Zerstörungen der Köpfe durch die Wiedertäufer auf. Aufnahme von 1933.

Südlicher Ostturm der Mauritzkirche. Die Wiedertäufer stahlen das bleigedeckte Dach und steckten die Helme in Brand. Die Turmkreuze mussten danach um 1539 neu geschmiedet und teils vergoldet werden.

Die Reformation hatte in Münster mit der Täuferbewegung einen gewaltsamen Weg genommen. Am Anfang scheint man im Mauritzstift über die Erneuerung des Glaubens und Missstände in der Kirche relativ frei nachgedacht zu haben, da der Kaplan Bernhard Rottmann diese Fragen hier in Predigten erörtern durfte und dabei regen Zulauf aus der Stadt hatte. Erst 1531 wurde dies nicht mehr geduldet und Rottmann seines Amtes enthoben, der darauf seine zunehmend gewalttätigeren Lehren in der Stadt verkündigte. Er wurde zum religiösen Führer der Münsterschen Täuferbewegung.

Am 5. Januar 1534 überfielen die Täufer das Stift und zerstörten bei dem Bildersturm die Altäre, die religiösen Bildwerke und auch die Orgel. Am 25. Februar wurden die Kurien geplündert. Die Bleideckung der Kirchen- und Turmdächer wurde abgerissen, um Material für Gewehrkugeln zu bekommen. Dann wurden die hölzernen Dachstühle in Brand gesteckt und Kirche und Stift schwer beschädigt. In der heutigen Bücherei sind die Rotverfärbungen der Steine unter dem Innenputz dieser Feuersbrunst noch erhalten. Das Feuer im Westturm war so stark, dass die Glocken schmolzen. Es scheinen auch die Turmgewölbe so schwer gelitten haben, dass man sie erneuern musste. Die Gewölbe im Schiff und im Chor stürzten wohl nicht ein, waren aber schwer beschädigt.

Die Täuferherrschaft endete 1535, nachdem die Truppen des Bischofs die Stadt erobert hatten.

In den nächsten Jahrzehnten wurden Kirche und Stift, urkundlich belegt, Stück für Stück wiederaufgebaut. Schon 1535 wurde der Nordturm repariert, 1539 folgte der Südturm. Sie wurden nun mit Schiefer eingedeckt. Knauf und Hahn des neuen südlichen Turmkreuzes

Die Epitaphientafel für die Kanoniker Berthold und Heinrich Bischopinck in der Mauritzkirche ist das Werk von Hermann tom Ring und wurde von ihm 1547 signiert und datiert. Der Aufbau der Komposition ähnelt den Steinepitaphien, doch ist sowohl der Figurentypus als auch die Landschaftsauffassung schon ganz im Geist der Renaissance geschaffen.

wurden durch den Maler Ludger tom Ring vergoldet. Sie werden wohl damals die bis heute bewahrte Kreuzgestalt mit den drei Querbalken erhalten haben. Diese Gestaltung ist ein Merkmal der alten Kirchen im Bistum Münster. Ihre besondere Bedeutung ist aber nicht mehr bekannt, sie könnten vielleicht als Zitat des päpstlichen Kreuzes zu deuten sein. Ihre etwas unterschiedliche Detailgestaltung auf den drei Türmen dürfte durch die nicht gleichzeitige Entstehung verursacht sein. Zugleich wurde auch die kirchliche Ausstattung erneuert, von denen einige Werke bis heute erhalten blieben. (Rk)

Die Epitaphientafel von Hermann tom Ring

„Die Heiligen Petrus und Mauritius empfehlen dir, sieh an, Christus, die Brüder Bertold und Heinrich Bischopink. Sie flehen Dich an bei der Würdigkeit des Heiligen Kreuzes, Du mögest sie mit den übrigen Frommen in dein Reich aufnehmen.“[114] So lautet die lateinische Inschrift am Sockel des Kreuzesstamms auf dem großformatigen Tafelbild mit der Kreuzigung Christi, das heute an der südlichen Chorwand hängt. Darin erscheint Petrus als Fürsprecher für den einen Stiftskanoniker, während der zweite Kniende vom Heiligen Mauritius begleitet ist. Johannes, der mit Maria unterm Kreuz steht, bezieht diesen mit empfehlendem Gestus in das Andachtsgeschehen mit ein. Im Hintergrund öffnet sich eine weite Landschaft, in der links das alttestamentarische Geschehen von der Aufrichtung der ehernen Schlange durch Aaron und Moses dargestellt ist.

Möglicherweise war das Bild ursprünglich Teil eines Altars, der dem heiligen Petrus geweiht war. Dass ein Altarbild zugleich eine Gedenktafel für den Stifter war, ist nichts Ungewöhnliches. Die Stifter konnten auf diesem Wege ihre gestiftete Vikarie, die neben der Anschaffung des Altars auch die notwendigen Kerzen und das Gehalt für einen Priester sicherte, bildhaft in Erinnerung halten. Die Forschung ist sich uneins, ob es sich bei den inschriftlich genannten Brüdern überhaupt um Geschwister handelt, oder nicht bloß um Vettern. Sicher waren sie *confratres* im Sinne des Stiftskapitels, dem sowohl der *cellerar* und spätere *senior* Bertold Bischopink (†1534) als auch der *magister* Heinrich (†1544) angehörten. Die am Kreuzesfuß dargestellten Wappen mit prächtiger Helmzier verweisen auf die Familien Bischopink (drei goldene Lilien) und Bock (steigender Ziegenbock), die elterliche Familie von Berthold Bischopink, was zu der Vermutung Anlass gab, das Gemälde sei von ihm gestiftet worden. Er war allerdings bereits 13 Jahre tot, als der Münsteraner Maler Hermann tom Ring dieses Bild 1547, ausweislich seiner Meistermarke und der Jahreszahl, vollendete. Vermutlich gab wohl eher der Tod des Kanonikers Heinrich Bischopink und sein entsprechendes Legat den Anlass für den Auftrag an den Münsteraner Maler.[115]

Trotz der bekannten Bildkomposition mit knieenden Stiftern im Vordergrund ist das Bild bereits ganz im Geist der Renaissance gemalt, die in Münster mit Niederschlagung der Wiedertäuferherrschaft 1536 ihren Anfang nahm. Hermann tom Ring, der 1544 im Alter von 23 Jahren nach einer Lehre in der Werkstatt seines Vaters Ludger tom Ring d. Ä. in die Malerzunft eintrat, etablierte sich in Münster nicht nur als führender Maler, sondern auch als Kartograph und Festungsarchitekt und war ein wichtiger Amtsträger in der Gilde der Maler, Sattler und Glaser. Als überzeugter Katholik – anders als sein Vater und sein Bruder Ludger d. J., die dem Protestantismus anhingen – arbeitete Hermann nach der Reorganisation des Bistums vor allem im Dienst der Kirche.

Angeregt durch niederländische Vorbilder, die er auf Reisen und durch die moderne Druckgraphik kennengelernt hatte, führte er die religiöse Malerei in ein neues Zeitalter. Kräftige und wirklichkeitsgetreue Körper, individuelle, fast schon portraitgenaue Gesichter – besonders beeindruckt Mauritius als großgewachsener Afrikaner in einem zeitgemäßen Harnisch –, wie auch der breitangelegte weite Landschaftsraum weisen auf diese neuen Einflüsse hin, die er in den Werkstätten von Münsteraner Malern nicht kennenlernen konnte. Das Bild strahlt eine eigentümliche Vertraulichkeit aus, mit der der Betrachter wie selbstverständlich eingeladen scheint, sich der Gruppe in Andacht anzuschließen. Die versteckten Gesten der Heiligen und ihre Attribute – alles wirkt wie beiläufig, wie längst vertraut, so dass sich eine plakative Zurschaustellung erübrigt. Selbst das Wappen des Heiligen Mauritius mit den goldenen Ähren ist so weit in die Perspektive gerückt, dass es kaum noch zu erkennen ist. Es stellt sich der Eindruck ein, dass sich die Mauritzer Kanoniker und die Betrachter des Bildes hier wie in einer Familie ganz unbefangen und vertraut in die Gemeinschaft der Lebenden, der Toten und der Heiligen einreihen, mit denen sie im Stift über die Zeiten verbunden sind und die Ziel und Hoffnung ihres Glaubens ist.

Von niederländischen Vorbildern stammt auch die Vorliebe tom Rinks für Bibelmotive, mit denen sich die Geschichten aus dem Alten und dem Neuen Testament gegenseitig erklären.[116] Diese Art von Auslegung der Bibel, wonach sich das im Alten Testament von den Propheten angekündigte Heilsgeschehen im Neuen Testament vollendet, gab es im Mittelalter schon in den als Lehrbücher angelegten Biblia pauperum. In den reformatorisch geprägten Niederlanden wurde die Vorstellung von einer vom göttlichen Wirken durchzogenen Welt zur Selbstverständlichkeit. Das Nebeneinander der historisch ungleichzeitigen Szenen widersprach nicht der Bibelgenauigkeit, die angesichts des Glaubensstreits immer wichtiger wurde. Sie war vielmehr eine Bestätigung der biblischen Lehre, die sich in die Gegenwart einfügt. So vollzieht sich auch hier die alttestamentarische Szene zeitgleich mit der Anbetung unterm Kreuz in einer aktuellen Bildwelt, deren Landschaft sich im rechten Bildhintergrund öffnet zu einer von dunklen Wolken verhangenen Küste mit einem zeitgenössischen Schiff. Als Strom der Zeiten verbindet der Flusslauf in diesem Bildraum Altes und Neues Testament wie eine Leserichtung, die dem Betrachter offeriert, dass der Glaube an Gott sowohl bei der ehernen Schlange als auch bei der Kreuzigung Christi wie in der Not auf See Erlösung und Rettung bringen kann. (He)

Die Kreuzigungsgruppe von Gerhard Gröninger

Die monumentale Kreuzigungsgruppe an der Nordaußenseite des Chores ist eine eindringliche Darstellung des Kreuzestodes Christi. Zwar beeinträchtigen Schmutzablagerungen und Verfärbungen der Oberfläche des Baumberger Sandsteins heute die Wirkung der lebensgroßen vollplastischen Figuren und erschweren den Blick auf die virtuos gearbeitete Darstellung der von Ergriffenheit und tiefen Emotionen erfüllten Gestalten. Aber die differenzierte Interpretation des biblischen Geschehens am Berge Golgotha lässt das große Können von Gerhard Gröninger erkennen, der die monumentale Kreuzigungsgruppe in den Jahren um 1630 schuf. Er war damals der gefragteste Bildhauer in Münster und fertigte Werke nicht nur für den Dom und das Domkapitel, sondern auch für andere geistliche Auftraggeber im gesamten Fürstbistum. Zehn Jahre zuvor hatte er für den Münsteraner Dom einen gewaltigen Hochaltar geschaffen. Das Mauritzer Kapitel wollte dem Dom offenbar nicht nachstehen und bestellte bei Gröninger ebenfalls einen mehrstöckigen, plastischen Hochaltar, wie ein Vertrag und eine exakte Entwurfszeichnung von Propst von Elverfeldt belegen. Unruhen und finan-

Auf der Nordseite des Chors der Mauritzkirche steht heute die Figurengruppe des Kalvarienbergs von Gerhard Gröninger um 1630.

zielle Schwierigkeiten des Künstlers im 30jährigen Krieg verhinderten jedoch die Ausführung. Zwar findet sich über die Entstehung der Kreuzigungsgruppe nichts in den Stiftsarchivalien, doch wird die Gruppe wegen ihrer besonderen künstlerischen Qualität und einiger stilistischer Besonderheiten sicher dem Oeuvre Gröningers zugeordnet.[117]

Die szenische Darstellung des Kalvarienbergs mit dem erhöhten Kreuz des Erlösers zwischen den Schächern und einer trauernden Gottesmutter mit Maria Magdalena und dem Apostel Johannes unterm Kreuz war in frühbarocker Zeit ein beliebtes Thema. Mit den lebensgroßen, nuanciert gearbeiteten Figuren gibt Gröninger der biblischen Geschichte eine ergreifende Lebensnähe, die in der formalen Komposition den biblischen Bericht auf die Bedeutung des Erlösertodes hin konzentriert. Zwischen der Bewegtheit der an Baumstammkreuzen gefesselten Schächer, von denen der Linke mit jugendlichem Körper sich Christus im Glauben zuwendet, während sich der ältere sich unbekehrt abwendet, ist der Gekreuzigte Mittelpunkt und Erhöhung zugleich. Maria und Johannes tragen schwer an Christi Opfertod am Kreuz. Gröningers individualisierte

Der Schächer rechts vom Kreuz.

Figuren vermitteln eine überzeugende Emotionalität, wie sie später im barocken Pathos oft wieder verloren ging.

Die große mehrteilige Plastik stand ursprünglich im Kreuzgang und hatte dort die Funktion eines Friedhofkreuzes. Als der Kreuzgang 1832 abgebrochen war, fand man die teilweise lädierten Skulpturen in einer Ecke der stark verfallenen Blasiuskapelle und ließ sie vom Bildhauer Heinrich Ney wiederherrichten. Ob sie zwischenzeitlich auch in dem alten Langhaus aufgestellt waren, wie ein Schreiben des preußischen Regierungsrats Krabbe festhält, ist kaum zu glauben angesichts der beengten Platzverhältnisse im einschiffigen Langhaus. Nach dem Bau des neuen Langhauses wurde die Figurengruppe jedenfalls an ihren jetzigen Standort vor dem Friedhof des Kirchspiels versetzt, wo sie 1935 die zusätzliche Bedeutung eines Kriegerehrenmal bekam. Sehr bald schon musste die Sandsteinskulpturen mit einem Dach vor Regen geschützt werden, zog doch Feuchtigkeit in den weichen Baumberger Sandstein, was zahlreiche Restaurierungen erforderlich machte. Heute ist die Kreuzigungsgruppe Gröningers an der Mauritzkirche die einzige vollständig erhaltene Figurengruppe dieses Typus aus Spätmittelalter und Barock in ganz Westfalen.[118] (He)

Der Sieg des Glaubens. Triumph des Barock

Das Stift ließ die Kirchenausstattung seit der Mitte des 17. bis zum Ende des 18. Jahrhundert durch neue Werke ersetzen. Es ist die Zeit des Barock, der sich allmählich nach dem bitteren dreißigjährigen Krieg entfalten konnte, der mit dem westfälischen Frieden von Münster und Osnabrück 1648 geendet hatte.

Geistig und geistlich war er durch die Erneuerung der katholischen Kirche geprägt, die im Konzil von Trient 1545 bis 1563 bestimmt worden war und alle Christen erfassen sollte, aber die Kirchen der Reformation nahmen nicht mehr daran teil. Das Zeitalter der Konfessionalisierung war angebrochen.[119]

Fast jeder der vielen Landesherren im alten Deutschen Reich versuchte, seine Untertanen zu der Konfession zu verpflichten, der er anhing. Besonders erfolgreich waren die Bischöfe des 17. Jahrhunderts in Münster, die ihr Herrschaftsgebiet komplett rein katholisch machten. Sie setzten sich für eine religiöse Erziehung und Ausbildung ein und religiöses Brauchtum wurde wiederbelebt oder neu geschaffen. Die Marienwallfahrt nach Telgte ist davon die überregional bekannteste. Auf dem Prozessionsweg von Münster nach Telgte ist die Mauritzkirche eine bedeutende Station.

Mit Hilfe von Bildwerken und religiöser Literatur wie einem deutschsprachiges Kirchengesangbuch erhielt der Glaube eine neue Anschaulichkeit, die sich tief in der Bevölkerung verankert hat. Und in die Kirchen wurden Bildwerke aufgestellt, die diese neue Glaubenssicht vermittelten.

So erhielt die Mauritzkirche 1664 einen neuen Hochaltar, dessen Mittelbild erhalten blieb und heute wieder im Chor steht. 1722 wurden er und die beiden Seitenaltäre neu illuminiert (farblich gefasst).

1725 wurde nach den Richtlinien des Tridentinums der steinerne Lettner zwischen Chor und Kirchenschiff entfernt, da alle Gläubigen das Messgeschehen am Hochaltar sehen sollten. Ein feines, durchsichtiges Gitter trat an seine Stelle. Es war von Oberstleutnant und Baumeister

Linke Seite: In eleganten Barockformen wurde der geschweifte Helm 1709 auf den Westturm der Mauritzkirche gesetzt. Er symbolisiert damit außen die Erneuerung der Kirche in barockem Geist.

Schon lange im Durchgang zur Erphokapelle angebracht, gehören die Barockgitter zu dem verlorenen Lettner von 1725.

Die pausbäckigen feingeschnitzten Engel am Chorgestühl der Mauritzkirche verraten ihre barocke Entstehung.

Gottfried Laurenz Pictorius entworfen worden.[120] Bis heute liegt im Chor der schöne schwarz und weiß gemusterte Marmorbelag aus Marmor, der 1722 aus Amsterdam nach Münster gebracht wurde, 1970 um einige Meter erweitert. Das hölzerne Chorgestühl wurde gleichzeitig barock erneuert. Es ist ornamental geschnitzt und hat einige feine Engelsköpfe am oberen Rand der Sedilien (Sitze). Ihre zierlichen Flügel sind elegant zu den Seiten geklappt. 1866 neugotisch umgebaut, steht es heute mit modernen Wangen eingefasst noch am alten Standort.

Es gibt noch ein großes Marienbild aus dieser Zeit, das heute in der Sakristei seinen Platz gefunden hat. Ein ausdrucksvolles Gemälde des 17. Jahrhunderts mit dem Kreuz Christi vor dem verfinsterten Himmel des Karfreitags hängt heute im Turmraum (Kriegergedächtnis) vor der Erphokapelle.

Die eigentliche Kirchenarchitektur war unverändert geblieben, nur der neue Turmhelm von 1709 prägt seitdem die barock verfeinerte Silhouette. Wandflächen und Gewölbe waren sicherlich weiß gekälkt und die Fensterscheiben nicht mehr farbverglast, weil der Barock das strahlende natürliche Licht für seine Bilder und Skulpturen brauchte. Die Anordnung der Altäre steigerte sich von den beiden Seitenaltären zum Hochaltar in einer Art von Bühneninszenierung.

Diese festliche Raumkunst sollte mit der Musik, dem Weihrauch, den prachtvollen liturgischen Gewändern und den fein geordneten Einzügen zu den Messen ein alle Sinne ansprechendes Erleben des Glaubens schenken. (Rk)

Einen vollständig im Barockzustand bewahrten Chor hat die ehemalige Klosterkirche der Benediktiner in Marienmünster nahe Höxter. Das Chorgitter erlaubt den Blick in den Chor. Der liturgische Aufbau hier war dem in der Mauritzkirche zur Barockzeit vergleichbar. Foto 1951.

Messkelch der Mauritzkirche, 1726 von dem Dechanten Gerhard Verhorst gestiftet. In der reich vergoldeten Ornamentik sind Emailbilder eingelassen.

Das barocke Altarbild

Das Altarbild über der Mensa des ehemaligen Hochaltars zieht trotz der Tiefe des Chores noch aus der letzten Bankreihe die Blicke auf sich. Auch wenn ihm heute die ursprünglich imposante Holzarchitektur fehlt, spürt man noch immer die barocke Fähigkeit zur Inszenierung des Glaubens, die oftmals die gesamte Raumgestaltung wie in einer Choreografie auf den heiligen Schauplatz – den Altar – hin ausgerichtet hatte. Auch das Altarbild ist so aufgebaut, dass der Erlösertod als elementarer Glaubensinhalt sofort erfasst wird: Der Gekreuzigte ist nicht im Leid seines Kreuzesmartyriums dargestellt, sondern in siegreicher Pose als Triumphator über den Tod. Blicke und Gesten der Menschen, die das Kreuz umstehen, sind zu Christus gewandt und betonen die himmelwärts strebende Dynamik.

Das Gemälde wird trotz fehlender archivalischer Hinweise dem aus Münster stammenden Maler Jan Boeckhorst zugeschrieben.[121] Er war damals in Antwerpen, dem Zentrum der barocken Kunst, tätig und hochgeschätzt und erhielt den Auftrag möglicherweise durch die Vermittlung seines älteren Bruders, der als Syndikus das Mauritzer Kapitel in Rechtsangelegenheiten beriet und mit dem Propst in der honorigen religiösen Bruderschaft „Der Große Kaland“ verbunden war.[122] Schon einige Jahre zuvor hatten auch das Kollegiatstift St. Martini und die Minoritenkirche in Münster großformatige Altarbilder von Jan Boeckhorst bekommen.

Obwohl der Kriegsalltag das Mauritzstift immer wieder beeinträchtigte, hatte das Stiftskapitel bereits vor 1630 konkrete Pläne zur Umgestaltung des Chores gefasst und auch einen neuen Hochaltar vorgesehen. Ein Vertrag von 1629 mit dem Bildhauer Gerhard

Das aus der Barockzeit stammende Altarbild von Boeckhorst steht seit 1950 wieder an seinem ursprünglichen Platz in der Mauritzkirche. Es war Teil eines 1664 konsekrierten barocken Hochaltars.

Das Altarretabel von Jan Boeckhorst aus der St. Marinikirche. Es stellt die Messe des hl. Martins dar. Heute Stadtmuseum Münster. Die Figur links vorne stellt den Stifter dar, die Figur rechts gilt als Selbstportait des Malers.

Gröninger und die Beschreibung einer Zeichnung aus der Hand des 1625 verstorbenen Propstes Wilhelm von Elverfeldt überliefern uns ziemlich genau Motiv und Materialien.[123] Aber weil der Bildhauer in wirtschaftliche Schwierigkeiten geriet, konnte der als opulent plastisches Werk geplante Hochaltar nicht mehr realisiert werden. Dem nachfolgenden Propst Arnold von Vittinghof gen. Schell, der das Amt ab 1625 für 41 Jahre bekleidete, gelang es in diesen kriegerischen Jahrzehnten nicht vor Beginn der 1660er Jahren, den Plan wieder aufzunehmen. Schließlich konnte der neue Hochaltar mit dem großen Altarbild am 20. August 1664 feierlich eingeweiht werden.[124]

Wegen zahlreicher Schäden und Restaurierungen kann man heute nur noch die unter dem Kreuz knieende Maria Magdalena, das Gesicht und den Körper Jesu, das Gesicht des Johannes neben der klagenden Gottesmutter und die Figur des Longinus sicher Jan Boeckhorst zuschreiben.[125] Sein besonderes künstlerisches Talent, etwa im Umgang mit der lasierenden Maltechnik oder die gefühlvolle Belebung von Gesichtern mit markant gesetzten Strichen, ist nach den verschiedenen Übermalungen nur noch in Teilen zu erkennen. Selbst die Art, wie Boeckhorst das gleißende Inkarnat der Christusfigur als ein von Innen strahlendes, göttliches Licht einsetzte, ist wegen der Übermalungen des Hintergrunds und der damit fehlenden Raumatmosphäre gemindert.[126]

Etwas rätselhaft ist die Figur des Stifters, in der sich Propst von Vittinghof mit seinem Wappen unten links am Fuße des Kreuzesstamm darstellen ließ. Die unbeholfenen Proportionen der Gliedmaße und die altertümliche Art, wie die Figur als Halbfigur an den Rand gerückt ist, lassen an die Zutat eines anderen Malers denken. Wie viel gelungener hat Boeckhorst doch den Stifter auf dem früheren Altarbild der Martinikirche in die Handlung einbezogen. Der auffällig direkte Blick des Propstes aus dem Bild heraus lässt aber auch noch eine andere Interpretation zu: Auf der Höhe der Rekatholisierung wollte Vittinghof seinen Kollegiatbrüdern und allen Betrachtern des Altarbildes mit auf den Weg geben: Ich bezeuge die Lehre der katholischen Kirche. (He)

Das silberne Expositorium

In der Gegenreformation erlebte die Verehrung des Altarsakraments einen neuen Höhepunkt. Der Altar wurde im barocken Kirchenraum als der zentrale Ort inszeniert, an dem sich das Offenbarungsgeschehen während der Eucharistie stets erneuert. Damit rückte die Eucharistie ganz in das Zentrum der Glaubensvermittlung und wurde zum regelrechten Charakteristikum des katholischen Kultus. Obgleich die Realpräsenz Christi in der Wandlung an den liturgischen Ritus der Eucharistie geknüpft ist, entstanden im späteren 17. Jahrhundert neue Gebetsformen wie das 40-Stunden Gebet, bei dem die konsekrierte Hostie unverhüllt ausgestellt wurde. Mit dieser „Aussetzung" des Allerheiligsten sollten die Gläubigen durch das direkte Anschauen das Kerngeheimnis der Wandlung auch geistig verinnerlichen und ihren Glauben stärken.

Zu einer solchermaßen sinnlichen Erfahrung des Glaubens diente das silberne Expositorium von St. Mauritz.[127] Seine prächtige Schauwand bildet für die Monstranz eine heilige Bühne, auf der die Hostie und ihre Transsubstantiation eindringlich präsentiert wurden. Dechant Verhorst ließ den Altaraufsatz 1729 in seiner Heimatstadt Köln von dem Goldschmied Henricus Koppers anfertigen und schenkte ihn im selben Jahr dem Mauritzstift. Mit fast zwei Metern Höhe ist der prächtige Aufsatz ungewöhnlich groß und bietet Platz für eine große Monstranz. Sowohl im Rheinland als auch in Westfalen ist es in dieser prächtigen Form ohne Vorbild.

Der Prospekt hat eine innere Konstruktion aus massivem Eichenholz, die mit Silberblechen ummantelt ist. Ursprünglich gab es zwischen den Pilastern noch kostbare Spiegel, in denen sich das Kerzenlicht von sechs schwenkbaren Leuchterarmen effektvoll spiegelte und die Aufmerksamkeit des Betrachters magisch anzogen und auf die Monstranz lenkten. Ein kuppelförmiges Dach mit üppigen Draperien, Quasten und einem Strahlenkreuz als Krönung überfängt eine bewegte, nach hinten gestaffelte Fassade mit stark profiliertem Sockel und Gebälk, das von Pilastern getragen wird. Aus diesen wachsen sechs Halbfiguren, die das Gebälk scheinbar mühelos tragen. Ihr Blick ist auf das freie Podest im Zentrum gerichtet, das von der Monstranz mit dem Allerheiligsten eingenommen wird. Jeweils die äußeren und inneren Pilaster haben Engelfiguren, die beiden mittleren zeigen links den Hohepriester Aaron, dessen Stab leider verloren ist, und rechts Melchisedek, die alttestamentarische Verbindungen zum Opfertod Christi sind.[128] Unter dem Baldachin neigt sich Gottvater als Halbfigur aus den Wolken, aus denen im Strahlenkranz die Taube des Heiligen Geistes hinabschwebt. Mit der Monstranz an ihrem Platz ist das Expositorium so zugleich eine sinnfällige Darstellung der Dreifaltigkeit.

Das kostbare Material, die überbordende Bewegtheit und das figurative Programm des Expositoriums waren keineswegs eine nur vordergründige Prachtentfaltung. Im Sinne der barocken Glaubenslehre, die die Menschen mit rationaler Belehrung und sinnlicher Erfahrung zugleich erreichen wollte, diente es der Sichtbarmachung der göttlichen Präsenz. Diese Absicht unterstreicht auch der geöffnete, an den Seiten geraffte Vorhang mit Hermelinbesatz, der den Blick auf die Hostie freistellt und das Expositorium so zum Ort der Offenbarung und Selbstenthüllung Gottes macht.

Mit der Aufhebung des Stifts zu Beginn des 19. Jahrhunderts verschwand diese Form von barocker Ereignisfrömmigkeit, so dass Pastor Binkhoff, als er 1930 das seit Jahrzehnten verstaute Expositorium fand und für eine Restaurierung durch Heinrich Dunstheimer sorgte, der Gemeinde ein unbekanntes Schmuckstück der barocken Stiftsgeschichte präsentieren konnte. Seitdem schmückt es während der Weihnachtszeit mit einem silbernen Kruzifix aus dem Jahr 1726 anstelle der Monstranz den Hochaltar. (He)

Expositorium Detail. Engel

Das silberne Expositorium der Mauritzkirche wurde von Gerhard Verhorst gestiftet und in Köln 1729 hergestellt. In ihm konnte eine Monstranz mit der geweihten Hostie ausgestellt werden.

Anspruch und Würde.
Die neuen Stiftsbauten

An der alten Ostgrenze der Immunität stehen noch drei Torpfeiler aus der Barockzeit. Ein vierter ging verloren, so wie die der ähnlich gebauten dreigliedrigen nördlichen Toranlage an der Stiftsstraße.

Von den Wohnungen und Wohnhäusern der Stiftsherren, der Kapläne und den anderen Stiftsangehörigen ist vor 1700 zu wenig überliefert, um uns ein Bild aus dem Leben im Stift in mittelalterlicher und frühneuzeitlicher Zeit machen zu können.

Auch die Häuser der Stiftsherren (Kurien) der Barockzeit gingen bis auf zwei verloren. Diese prägen aber den alten Stiftsbezirk doch so wirksam, dass die Vornehmheit dieser Zeit noch immer zu erleben ist: es sind das Pfarrhaus und die Dechanei. Durch alte Karten ist aber die Bebauung vor der Aufhebung des Stiftes noch überliefert. Die repräsentativsten Kuriengebäude lagen in großzügigen Gärten weit auseinander.

Das Areal war von einer Gräfte umgeben. Vier Tore, in jeder Himmelsrichtung eins, waren durch hohe Torpfeiler markiert. Davon sind die des Osttors noch bewahrt. In feinem barocken Ziegelmauerwerk wurden sie 1745 errichtet. Einer der Außenpfeiler ging verloren. An der Außenseite der Pfeiler ist die Inschrift Immunitas Sancti Mauritii[129] eingemeißelt.

Im Krankenhausfoyer der Augenklinik ist noch ein Pfeiler vom Südtor bewahrt, der das von Galensche Wappen zeigt.[130]

Die repräsentativste Lage im Stiftsbezirk hat die ehemalige Oidtmann-

Die Augenklinik am Franziskus-Hospital ist auf der ehemaligen südlichen Grenze des Stifts entstanden. Das Foyer ist um den erhaltenen Torfeiler des Südtores der Immunität gebaut. Sein Wappen ist das des Propstes von Galen.

sche Kurie, das heutige Pfarrhaus unmittelbar der nördlichen Schauseite der Kirche gegenüber.[131] Strahlend weiß wirkt das Haus wie ein barockes Palais, das fast unverändert die Zeiten überdauert hat. Aber die Geschichte ist nicht so glatt verlaufen und nach den Kriegsschäden hat man die feinen Sprossenfenster nach Barockvorbildern wiederhergestellt, ebenso das elegante Oberlicht über der zweiflügeligen Tür. Ein auf der rechten Seite zugefügter Anbau stört nicht die ausgewogene Symmetrie des Ganzen. Im Mittelpunkt steht die doppelläufige Freitreppe mit dem Portal darüber. Mit feinen Sandsteingewänden ist es leicht aus der Wandfläche hervorgehoben. Im Sturz befindet sich die Datierung Anno 1758 und in der plastischen Rocaille findet sich das Wappen des Johann Wilhelm Oidtmann und die lateinische Inschrift: A.O.D./ joan wilhelm Oidtman/Coloniensis Can(oni)cus et Cellerarius/Curiam 4tam posuit.[132] Ein elegantes hohes Mansarddach mit Schieferdeckung krönt den Bau. In die Symmetrie binden sich auch die fünf Dachgauben stimmig ein.

Aufgrund der Sorgfalt der Proportionen und wegen der Gestalt der eleganten Wappenrahmung hat Max Geisberg dieses Haus dem Barockarchitekten Johann Conrad Schlaun zugeschrieben. Man muss aber dabei bedenken, dass die anderen Werke Schlauns aus dieser Zeit durchweg Gestaltungsformen haben, die bei diesem Bau fehlen, wodurch diese Zuschreibung nicht ganz zweifelsfrei ist.[133]

Im Inneren hat es wohl nie eine reiche wandfeste Ausstattung und aufwändig gestaltete Stuckdecken gegeben, und auch das Treppengeländer mit den ausgesägten Brettbalustern ist zwar schön, aber nicht besonders kostbar ausgeführt.

Oidtmann hatte dieses Haus aus eigenen Mitteln ausführen lassen und so ging es nicht in den Stiftsbesitz über und blieb in Privatbesitz, bis Pastor Aumöller es erwarb, damit es auf längere Sicht zu dem der Gemeinde noch fehlenden Pfarrhaus umgewidmet

Die Oidtmannsche Kurie von 1758 auf der Nordseite der Mauritzkirche dient seit 1859 als Pfarrhaus.

Das Deckengemälde im Saal mit Minerva im Himmelswagen ist heute in Münster das einzige unzerstört gebliebene barocke Deckenfresko.

werden könnte, was 1859 dann auch gelungen ist.

Nicht aus der Barockzeit stammt das links davon stehende Gebäude (Sankt-Mauritz-Freiheit 23). Anstelle eines Nebengebäudes entstand es 1934 als Putzbau im Heimatstil mit barocken Anklängen und bildet mit der ehemaligen Oidtmannschen Kurie ein vollkommenes Ensemble, dessen Mitte die gemeinsame Toreinfahrt bildet.

Östlich hinter den Gebäuden der Mauritzschule liegt die Dechanei am Nordostrand des alten Stiftsbezirks (Stiftsstr. 15). Für die Schule musste ihr großer Garten weichen.[134] In ihm hatte ein Gartenhaus gestanden, das aus Backstein gemauert war und ein Walmdach besaß. Eine Freitreppe führte zum Eingang, dessen Rahmung aus Sandstein und dem bekrönenden Doppelwappen der Baukunst Schlauns sehr nahestand. Auf dem Türsturz war der Erbauer Ernst Melchior von Herding 1736 eingemeißelt. 1971 hat Theodor Rensing dieses Gartenhaus als ein Werk Schlauns bezeichnet.[135]

In der Dechanei hat sich ein alter Gebäudekern erhalten, der auf der Nord- und Ostseite eng von einer Gräfte eingefasst gewesen ist, die um 1900 noch Wasser führte.[136] Auf einem Fenstergewände ist 1632 eingemeißelt, wohl das Datum einer Erneuerung. Zwei Brüder der Familie tom Nyenhues waren hier Stiftsherren und der ältere Bruder Hermann ließ wahrscheinlich um 1710 die Dechanei umbauen. Die Wappen am Kamin im Saal sind die seines Vaters und seiner Mutter, geb. Bertenhoff. In dem edlen Saal krönt eine Deckenmalerei das barocke Programm: Auf einem von zwei Adlern gezogenen Himmelswagen steht eine antik gewandete Frauenfigur, die wohl die römische Göttin Minerva darstellt und als Schutzgöttin des Krieges, der Wissenschaften und der Künste für wichtige Aufgaben des Adels steht.

Ein Fachwerkobergeschoss ist an der Ostseite auf hölzernen Knaggen aufgesetzt. Heute leere Konsolsteine an der Südseite lassen hier ehemals den gleichen Überstand wie an der

Den Saal der Dechanei prägt der barocke Kamin aus der Erbauungszeit.

In dem ehemaligen Wirtschaftshaus der Oidtmannschen Kurie wohnten noch in den 1930er Jahren vier hochbetagte sog. Tempeljungfrauen, unverheiratete Frauen, die die kirchlichen Textilien der Mauritzkirche pflegten.

Neben dem Wirtschaftshaus stand das Spritzenhaus des 19. Jahrhunderts. 1934 wurden beide Gebäude zum Pfarrheim der Kirchengemeinde umgestaltet.

Kurz nach der Erbauung des Pfarrheims 1934 entstand dieses Foto.

Anstelle der heutigen Mauritzgrundschule stand im Garten der ehemaligen Dechanei dieses Gartenhaus von 1736.

Ostseite vermuten. Auch spricht das unregelmäßige Walmdach für eine vergröbernde Umbaumaßnahme. Ein hoher eingeschossiger Querbau auf der Westseite hatte ehemals die Küche und wohl auch Wirtschaftsräume aufgenommen. Die hier anstoßende moderne offene Halle stört leider die Gesamtansicht von Schule und Dechanei.

Im Westen wurde das alte Stiftsareal ebenfalls stark verändert. An der Stelle der nicht erhaltenen Timmermannschen Kurie steht hier heute der prächtige 1912 bis 1914 errichtete neubarocke Verwaltungsbau mit dem markanten Zwiebelturm. Heute dient er der dem Bau und Liegenschaftsbetrieb NRW (BLB NRW), seine erste Bestimmung ist in dem Namen Alte Oberfinanzdirektion (OFD) noch im Bewusstsein geblieben.

Eine im Sturz 1796 bezeichnete Pforte an der Grundstücksmauer zum Stiftsplatz erinnert noch an die Stiftszeit, wie auch die beiden hierher versetzten Mauern, die 1741 und 1768 datiert sind.

An dieser Stelle soll stellvertretend für die stille vornehme Lebenswelt der 150 Jahre zwischen westfä-

Ein malerisches Ensemble bilden heute die beiden Pfarrhäuser gegenüber der Nordseite der Mauritzkirche.

lischem Frieden und der Aufhebung des Stifts an einen Kanoniker gedacht werden, von dessen Leben im Stift wir eine Beschreibung besitzen.[137] Es handelt sich um Caspar Joseph Oidtmann, der im heutigen Pfarrhaus residiert hat, das sein Onkel hatte erbauen lassen. Er wird als besonders liebenswerter Mann von gepflegter Erscheinung beschrieben, der in einem gut geführten Hauswesen lebte und eine vorzügliche Garten- und Obstbaumpflege betrieb. Als Freund der Kunst und den Wissenschaften war er auch den Menschen sehr zugetan und liebte auch die Geselligkeit, auch die des weiblichen Geschlechtes. Er überlebte das Ende des Stifts nur um ein Jahr, als er 1812 mit 48 Jahren verstarb.

Er war ein Beispiel für die vornehm kultivierte Lebensführung, die als Leitbild für Adlige galt. Eine besonders christlich profilierte Lebensaktivität mit Hinwendung zu Hilfebedürftigen hat dabei eine eher geringe Bedeutung gespielt. Dies ist sicherlich einer der Gründe, warum die Stiftsherren in der Nachwelt kaum in Erinnerung geblieben sind. Ähnliches gilt auch für die Stiftsdamen in den münsterländischen Stiften. So sind es eher die unterbliebenen Werke der Nächstenliebe als ihre persönlichen Mängel oder Schwächen, dass man die Menschen in den Stiften später fast ganz vergessen hat. (Rk)

Im 18. Jahrhundert erhielt das ursprünglich wehrhafte Gebäude der Dechanei seine heutige Gestalt. Es gehört heute der Stadt Münster und wird seit vielen Jahren genutzt von Jugendgruppen unter freier Trägerschaft.

Epitaph des Kanonikers Franz Wilhelm Mensing († 1653). Im Barock bevorzugte man für Epitaphien anstelle bildlicher Darstellungen ausführliche Inschriften. Die Aufnahme ist aus dem Jahr 1933.

Epitaph des Kanonikers Franz Wilhelm Mensing im Innenraum der Kirche. Der Vergleich zeigt, dass die Umwelteinflüsse der letzten Jahrzehnte außen bis 1985 dem Baumberger Sandstein stark zugesetzt hatten.

Johann Nepomuk, ein Heiliger auf altem Stiftsgebiet

Ursprünglich am Ufer des Kampwordesbach am Prozessionsweg aufgestellt, erhielt die Barockstatue ihren heutigen Platz am Maikottenweg bei Haus Grael, nachdem sie 1971 durch Unbekannte schwer beschädigt worden war.[138]

Weil er das Beichtgeheimnis nicht brechen wollte, wurde der Priester Johann von Nepomuk von der Moldaubrücke in Prag 1393 in den Tod gestürzt.[139] Seit der Seligsprechung 1721 und seiner Heiligsprechung 1729 verbreite sich seine Verehrung sehr schnell durch das katholische Europa, die von den Herrschaften gefördert wurde. Auch im Münsterland finden sich zahlreiche Statuen aus dem 18. Jahrhundert an Brücken.

Seine Darstellung folgt einem festen Grundtypus, der formal der bekannten Nepomukstatue auf der Prager Karlsbrücke (1683) entspricht: Der Heilige trägt ein Priestergewand, darüber das knielange Rochett mit Spitzenkante, seine Kopfbedeckung, das Birett hat er in der Hand (wie hier) oder aufgesetzt und er blickt auf ein Kruzifix, das er mit einer Märtyrerpalme im Arm hält. Die Haltung der Figur ist bewegt und der Blick auf das Kreuz drückt Versunkenheit aus. Künstlerisch ist die Statue aus Baumberger Sandstein von hoher Qualität. Ihren Künstler kennen wir nicht, als ihr Stifter gilt der Kanoniker Joh. Gottfried Barthold Binsfeld 1728.

Auf der Inschrift im Sockel ist zwar 1718 genannt, aber vielleicht nach Verwitterung nicht ganz richtig erneuert. Sehr reizvoll ist auch das eiserne Schutzgehäuse mit dem geschweiften Dach und dem vorderen kurzen Vorhang mit Troddeln. Es ist auf 1773 datiert.

Im 18. Jahrhundert wurden im Münsterland viele religiöse Bildwerke geschaffen, die an Straßen und Wegen die Glaubensinhalte anschaulich machen und die Frömmigkeit fördern sollten. (Rk)

Nahe des Prozessionswegs bei Haus Grael steht die Sandsteinfigur des Hl. Johannes Nepomuk, die wohl der Stiftsherr Joh. Gottfried Binsfeld 1728 stiftete. 1773 erhielt sie das spätbarocke eiserne Schutzgehäuse.

Harmonisch fügt sich das ersetzte Langhaus in das Gesamtbild der Mauritzkirche ein.

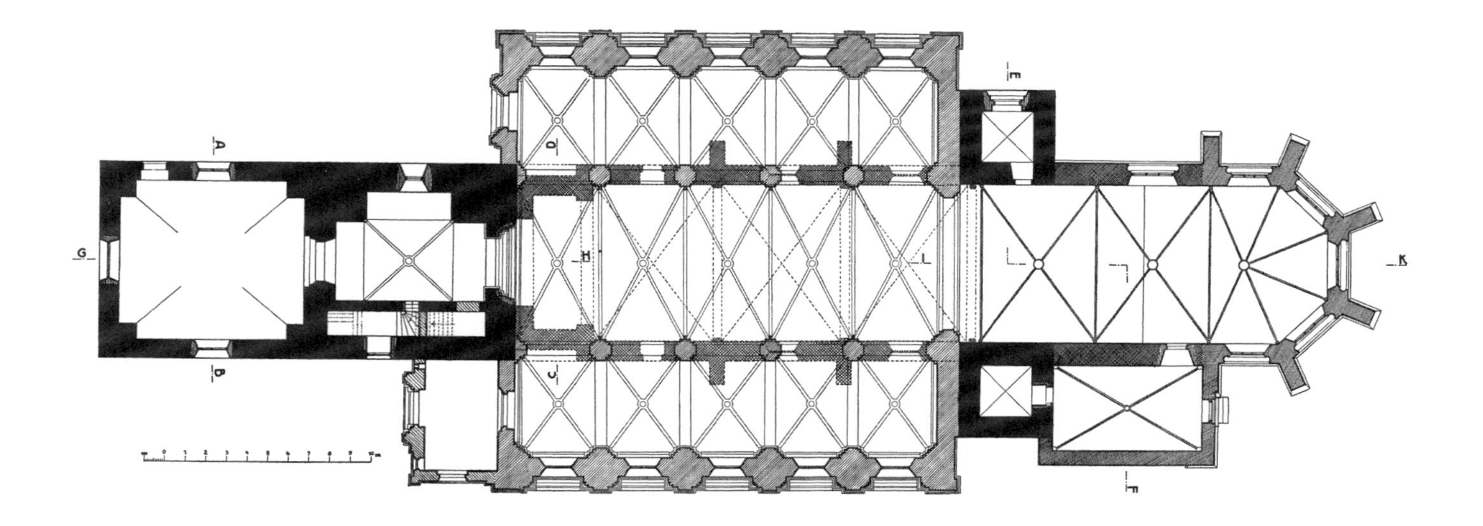

Das von 1859 bis 1862 neugebaute Langhaus ist hell in den alten Grundriss der Mauritzkirche eingetragen. Deutlich erkennbar sind die schweren Postamente der Seitenschiffsmauern.

Eine geräumige Gemeindekirche

Als im Dezember 1856 während einer Andacht Putz und Steine aus dem Gewölbe fielen, war der baufällige Zustand des Kirchenschiffs offenbar.[140] Ein baldiger kompletter Einsturz stand zu befürchten und die Gottesdienste konnten nun nur noch in der Erphokapelle abgehalten werden.

Technische Erwägungen, aber auch der Blick auf den Bevölkerungszuwachs im Pfarrbezirk machten es sinnvoll, das Langhaus insgesamt zu vergrößern. In dieser Haltung wurde man von der preußischen Regierung in Berlin bestärkt, die sämtliche öffentliche Bauvorhaben in den preußischen Provinzen lenkte, allerdings mit rigiden Sparvorgaben den Aufwand auf das allernötigste beschränkt wissen wollte.[141] Vom Kirchenvorstand beauftragt, machte sich der im ganzen Münsterland tätige Architekt und Diözesanbaumeister Emil von Manger daran, einen Baukörper zu konzipieren, der der erforderlichen Platzvergrößerung entsprach, und der innen und auch außen eine Einheit mit den vorhandenen Bauteilen erzeugen konnte. Dabei stellten sich ihm bautechnische Schwierigkeiten als auch Fragen nach der richtigen Stilform.

Eine bloße Verbreiterung des Mittelschiffs hätte einen unschönen Versatz im Kircheninneren bedeutet, der den tiefen Chor als schmalen Annex hätte wirken lassen. Außen war die Vorgabe, die Wirkung der wegen ihres Alters hochgeschätzten Türme nicht zu beeinträchtigen. Ein allzu hohes Kirchenschiff hätte die Türme aber optisch „versacken“ lassen, so dass der First des neuen Langhauses nicht höher als der des gotischen Chores werden durfte. Diese baulichen Voraussetzungen hatten auch Auswirkungen auf die Frage des Stils, die in dieser Zeit des Historismus eine große Rolle spielte. Emil von Manger wie auch die katholische Obrigkeit sah im gotischen Baustil die christliche Baukunst in ihrer reinsten Ausprägung.[142] Aber an der Mauritzkirche wäre mit gotischen Stilformen die gleichermaßen gewollte Stileinheitlichkeit nicht zu erreichen gewesen. So wurden für den Neubau romanische Formen gewählt und eine Mauergestaltung, die sich eng an das mittelalterliche Bruchsteinmauerwerk anlehnt. Aufmerksamkeit von höchster Stelle bekamen die Baupläne vom Frühjahr 1858. Denn nach dem notwendigen Abbruch der Schiffsgewölbe 1857 war die Neuplanung in Gang gekommen. Johann Georg Müller war als Bischof von Münster in Fragen zum Kirchenbau ein ebenso kunsthistorisch kompetenter wie engagierter Vorgesetzter.[143] Er stimmte der Planung zu, die er aber noch verändert hatte; besonders die Aufteilung des Mittelschiffs in fünf Joche stammt von ihm. Im Juni 1858 wurden die Pläne der königlichen Regierung in Münster vorgelegt. Der Vertrag mit dem den Bau ausführenden Maurermeister und Unternehmer Heinrich Juncker wurde 1859 geschlossen. Am 5. Dezember 1862 konnte Bischof Johann Georg die vollendete Kirche weihen.

Bevor der Kirchenraum und seine Details beschrieben werden, sei kurz auf seine Baukonstruktion eingegangen, die eine besondere Leistung der neuen Bautechnik des 19. Jahrhunderts darstellt.

Um den Kirchenbau im Inneren durchsichtig zu machen, damit von allen Plätzen eine gute Teilnahme am Gottesdienstgeschehen möglich wurde, hatte von Manger die Mittelschiffmauern sehr schmal dimensioniert. Das bedeutete aber, dass er Widerlager für die Schubkräfte von Dach

Eine Zeichnung der Schwester der Annette von Droste Hülshoff, Jenny von Droste aus dem Jahr 1836 zeigt die Westfront der Münsterschen Ludgerikirche, deren Portal das Vorbild für das der Mauritzkirche war.

Westportal am nördlichen Seitenschiff der Mauritzkirche. Im Sinne des 19. Jahrhunderts ist es gegenüber dem Vorbild ornamental bereichert.

und Gewölben herstellen musste. Ein offenes gotisches Strebesystem verbot sich aber wegen der Wahl des romanischen Stils. Die Wiederlager versteckte er in massigen Postamenten, die die Seitenschiffwände gliedern, die in der Tiefe gestaffelten Bogenmotive dazwischen gleichen die Dicke der Postamente aus. Zwischen dem Gewölbe und den Pultdächern der Seitenschiffe steifen schwere Mauern aus Ziegelstein die Mittelschiffswände aus, die außen durch Strebepfeiler in der Tiefe noch einmal stabilisiert sind. Diese Dreieckskonstruktionen sichern den Bau jochweise in Nord-Südrichtung statisch ab.

Damit eine Verklammerung in Ostwestrichtung dieser Konstruktion eine sichere Aussteifung gab, musste der Architekt die Fundamente unter dem Mittelschiff besonders ertüchtigen, da diese nicht nur sehr schmal, sondern die darauf stehenden Wände von Arkaden und Fenster auch noch stark durchbrochen sind. Er wählte Spannbögen aus Ziegeln zwischen den Pfeilern des Mittelschiffs, die umgekehrt in den Fundamentmauern sitzen. Das schwere romanisch wirkende Mauerband über den Fenstern im Mittelschiff sichert diese Konstruktion dann oben ab. Bis heute hat sich diese Bauform bewährt und sie hat auch nicht zu großem Druck vom Neubau auf die alten Türme geführt.

Wenn man das Konstruktionsprinzip dieser dreischiffigen Basilika bedenkt,[144] ist man nicht mehr verwundert, dass der Kirchenbau keine Kopie von romanischen Kirchen darstellt, da die nach ganz anderen Konstruktionsprinzipien gebaut worden sind.

Lobbedey weist darauf hin, dass Gestalt und Gliederung der Seitenschiffe eng an Gewölbebauten des Klassizismus angelehnt sind. Besonders deutlich zeigt sich das bei den Rundbogenfenstern, die groß und relativ tief angeordnet den Raum gleichmäßig ausleuchten. Romanische Fenster hätten relativ klein nur im oberen Drittel der Wände gesessen und das Licht in Gewölbehöhe konzentriert. Die Kreuzrippengewölbe sind aber auch in der Romanik zu finden und mit den Diensten und Kapitellen sind spätromanische Formen hinzugefügt, so dass die beiden Stile zu einer Einheit verwachsen. Auch die Pfeiler sind trotz der romanischen Elemente modern raumsparend in die Wände eingebunden mit einer Dienstvorlage zum Mittelschiff, die das Mittelschiff schlanker und höher erscheinen lässt. Hier greift der Architekt zu einem weiteren Kunstgriff. Die Obergadenfenster des Mittelschiffs sind als breite spätromanische Dreiergruppe gestaltet, die „jünger" als die strenge Gestaltung der Seitenschiffe wirken. Und die Spitzbogengewölbe im Mittelschiff folgen dann frühgotischen Vorbildern.[145] Und da ihre Bögen etwas höher als die Fenster heraufreichen, hat man das Gefühl, dass diese Gewölbe wiederum jünger als die Fenster sind. Sie vermitteln damit geschickt zu den alten spätgotischen Gewölben des

Die Postkarte zeigt die 1862 fertiggestellte und dann bis 1878 ausgemalte Mauritzkirche.

Chors. Eine Art Halbgewölbe vermittelt zwischen den unterschiedlichen Höhen beider Räume. Da dieses wie das folgende im Chor unbelichtet ist, nimmt man beide als komplette Wölbung wahr und der Chor erscheint höher und tiefer als er in Wirklichkeit ist. Beim Bau stürzte das baufällige Gewölbe im Chorpolygon ein, aber es wurde mit einiger Mühe nach Befund wieder rekonstruiert.[146]

Die Detailformen des Kirchenschiffs wurden vorwiegend der Romanik um 1200 entnommen. Denn im 19. Jahrhundert hielt man die Spätromanik wegen der reicheren Durchbildung aller Details für den künstlerisch wertvolleren Zeitabschnitt der Romanik. In den letzten Jahrzehnten unserer Zeit hat sich diese Bewertung deutlich verändert, so hätte man heute für die Mauritzreliefs einen würdigen Platz in der Kirche gefunden und sie nicht dem Museum überlassen.

Emil von Manger war kein weitgereister Architekt. Die romanischen Vorbilder für die Details stammen vom Dom in Münster, wie die Fenstergruppen vom Querschiff. Von der Ludgerikirche könnten die rundlichen Rippen der Mittelschiffsgewölbe stammen und ihr Westportal darf als Vorbild für die Portale der Mauritzkirche gelten. Sicherlich durch Stichvorlagen von 1826 ist das Abschlussgesims außen am Mittelschiff vermittelt, denn es stammt vom Erdgeschoss des Nordostturms des Magdeburger Doms, ist dort aber etwas zierlicher proportioniert.[147]

Die drei Schlusssteine im Mittelschiff hat man 1952 für mittelalterlich gehalten, weil der östliche mit dem Christusantlitz im Kreuznimbus und der Engel mit dem Wappenschild in spätgotischen Formen gehalten sind. Aber schon allein das Wappenschild zeigt ein hochmodernes Motiv des 19. Jahrhunderts: Kreuz, Anker und Herz für Glaube, Liebe und Hoffnung. Der westliche Schlussstein mit dem Brustbild des heiligen Mauritius zitiert den Renaissancestil. Sie sind alle etwas grob gearbeitet, damit man sie aus der Ferne besser erkennen kann und sind eine inhaltliche und stilistische Anbindung an die Schlusssteine des Chores.

Emil von Manger war 1824 in Ottmarsbocholt geboren worden und war als kath. Kirchenarchitekt im Bistum Münster sehr erfolgreich.[148] Bis auf Münster und Oelde-Lette (Kirchturm) hat er seine Kirchen im neugotischen Stil erbaut. Er starb 1902 in Oelde, dem Ort seines Wirkens. (Rk)

Die neue Ausstattung der Pfarrkirche

Entwurf für eine Verglasung in der Mauritzkirche 1903. Firma Wilhelm Derix, Goch und Kevelaer, vermutlich ein Vorentwurf.

Die Ausstattung des neuen Kirchenraums und seine üppige Ausmalung mit einem zehnteiligen Wandzyklus und reichen Verzierungen der Architekturelemente lässt sich heute nur noch anhand von älteren Fotografien nachvollziehen. Mit der reichen Ausstattung vollendete sich aber die architektonische Absicht von Mangers, Chor und Langhaus der Mauritzkirche zu einer räumlichen Einheit zusammenzufassen. Der heutige weiße Anstrich des Kirchenraumes betont die gotische Dynamik der Architektur, doch gab es in den Jahrzehnten nach der Errichtung des neuen Langhauses einen ganz anderen Raumeindruck durch die farbige Hervorhebung der romanischen Stilelemente, die sich wie auch außen auf den ursprünglichen Baustil der Kirche bezog.

Die Ausführung der Ausmalung zog sich über Jahre hin, weil man die Finanzierung allein aus Spenden schaffen musste. Für einzelne Gemälde des Bilderzyklus im Hochschiff mit den acht Seligpreisungen aus der Bergpredigt traten wohlhabende Spender wie das Ehepaar Diekhaus und die Witwe Coppenrath hervor. 1867 schufen die Kirchenmaler Fritz Tüshaus und Dominik Mosler die ersten Bilder vom barmherzigen Samariter und dem Tod Josephs, aber erst 1878 wurden die letzten Wandgemälde von Tüshaus vollendet. Im Gegensatz zu den ornamentalen Verzierungen schmückte der Gemäldezyklus die Kirche noch bis 1970. Er wurde dann im Zuge einer Kirchenraumrenovierung überstrichen, allerdings vorher sorgfältig abgeklebt, so dass kommende Generationen ihn wieder aufdecken könnten.

Wie in einer mittelalterlichen Bauhütte arbeiteten an der Ausstattung des neuen Kirchenschiffs und des gotischen Chores viele unterschiedliche Gewerke zusammen. Die zahlreichen historistischen Kirchenbauprojekte im letzten Drittel des 19. Jahrhundert im Münsterland brachten vielen spezialisierten Handwerkern und Künstlern Aufträge und Auskommen. Auch in den Mauritzer Rechnungen der Zeit begegnet man den Namen der vielbeschäftigten Bildhauer Hilmar Hertel und Hermann Fleige, den Dekorationsmalern Urlaub, Naber und Brinkmann, den Glasmalern Friedrich Stummel und Marianne Wagener, aber auch Wilhelm Rincklake für die Entwürfe der Windfänge und anderer Holzarbeiten. Ultramontane Kreise des Katholizismus wollten aus einer antimodernen Haltung und starken Papsthörigkeit mit neuen Kirchenbauten regelrechte Gegenbilder zur Gegenwart erschaffen und forderten die Nachbildung der christlichen Kunst des Mittelalters bis ins Detail. Dieses führte zu einer oft schulmäßig betriebenen Nachahmung und willkürlichen Stilkombinationen. Das Ergebnis waren Bildwerke, in denen die religionspolitische Absicht jeden künstlerischen Esprit unterdrückte, wovon auch die Arbeiten im der Mauritzkirche nicht frei waren.

Der überbordende Schmuck der Mauritzkirche besaß Anleihen aus allen Epochen. Hilmar Hertel schuf einen neugotischen Hochaltar mit reichem Bildwerk sowie ein neuromanisches Taufbecken, das mittig in der Erphokapelle platziert wurde. Die Predigtkanzel im Stil des Historismus ist ein Werk von Hermann Fleige, ebenso wie die spätgotisch anmutenden Apostelfiguren im Chor an den eigens dafür angebrachten Diensten. Im neuen neogotischen Chorgestühl des Schreinermeisters Miele von 1866 wurden die barocken Wangen mit Engelsköpfen verwendet, die man heute noch im Chorgestühl von 1950 sieht. Ein glänzender Schmuck waren die drei figurativen Chorfenster

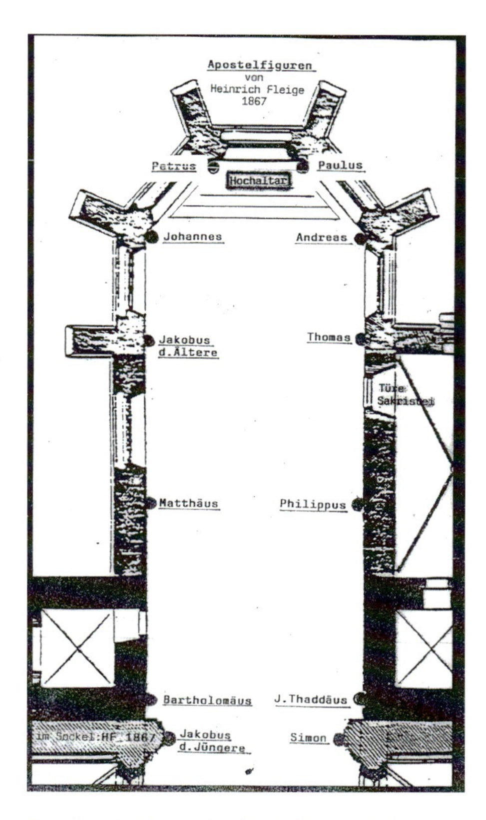

Grundriss des Chores der Mauritzkirche mit dem Apostelzyklus.

Apostelfiguren auf der Chornordseite der Mauritzkirche.

hinter dem Hochaltar, die nach den Entwürfen der Glasmalerin Marianne Wagener in Köln angefertigt waren, begleitet von gemalten Wandteppichen und einem blauen Sternenzelt in den Gewölbekappen.

Nur für wenige Jahrzehnte wird die so vielgestaltig ausgeschmückte Kirche dem Geschmack der Zeit entsprochen haben. In den 1890er Jahren wurde der Hochaltar noch polychromiert und 1904, nachdem Anton Soetebier das Gewölbe des Chors mit floralen Verzierungen versehen hatte, lobte ein Zeitungsjournalist diese Arbeit, weil sie sich der Architektur unterordne und sich nirgends effekthascherisch vordränge. Nur zwanzig Jahre später waren die Malereien durch Feuchtigkeit so beschädigt, dass man sie übermalte. Aber da war längst auch ein sehr viel strengerer Stil gewünscht, wie die Ausmalung der Erphokapelle von 1924 zeigt, die an zwei Stellen als Sichtfenster in der weiß getünchten Oberfläche nachvollziehbar ist. (He)

Linke Seite: Das Innere der Mauritzkirche im heutigen Zustand.

Rechts: Der Chor der Mauritzkirche mit seiner neugotischen Ausstattung, die bis auf die Apostelfiguren nicht erhalten ist.

Die „Achtermann-Madonna" der Mauritzkirche von 1862.

Der heilige Joseph von Joh. Theodor Stracke in der Mauritzkirche. Ehemals auf dem Josephsaltar, steht die Skulptur heute in der Südvorhalle.

Marmorne Pracht für die Seitenaltäre

Die neuen Seitenschiffe im gerade vollendeten neuen Langhaus hatten nicht nur mehr Sitzplätze ermöglicht, sie boten an ihren Ostseiten nun auch Platz für kleinere Seitenaltäre, die die Gemeinde Maria und Josef widmen wollte. Die überlebensgroße Madonnenstatue im nördlichen Seitenschiff ist das Werk des aus Münster stammenden und in Rom ansässigen Bildhauers Wilhelm Achtermann (1799–1884). Sie zählt heute zu den besonderen Kostbarkeiten der Pfarrkirche[149] und schmückte seit 1862 an dieser Stelle einen Marienaltar. Einige Jahre zuvor hatte schon der Dom eine große mehrfigurige Kreuzabnahme sowie eine Pieta von Wilhelm Achtermann erworben, die seinen Ruhm in der Stadt begründeten.[150] Möglicherweise kam es zum Kauf der überlebensgroßen Marmorstatue, weil Mauritzer Gemeindemitglieder sich das Werk vorab in einer kleineren Version in Münster anschauen konnten. 1861 hatte Achtermann eine fast identische, nur 54 cm hohe Madonna aus weißem Carrara-Marmor der Marianischen Junggesellensodalität an der St. Clemenskirche geschenkt, der er selbst seit 1827 angehörte.[151] Der Ankauf einer Madonnenfigur zeigt den eifrigen Gestaltungswillen der jungen Pfarrgemeinde St. Mauritz, die den Erwerb dieser großen Marmorskulptur so kurz nach Fertigstellung des neuen Langhauses 1861 allein aus Spendengeldern bezahlte. Immerhin war nicht nur das Künstlerhonorar hoch, auch der umständliche Transport auf dem Seeweg über Amsterdam und Emden und von dort mit der Eisenbahn war kostspielig.

St. Josephstatue. Ausschnitt mit den Händen

Achtermannmadonna. Ausschnitt mit der Schlange, die den Apfelzweig gefasst hat.

Die Skulptur der Gottesmutter ist aus hellem Marmor gearbeitet. Von Kopf bis Fuß in einen sanft fallenden Mantel gehüllt, trägt Maria auf dem linken Arm den Jesusknaben, den sie mit der rechten Hand sanft umfasst. Links steht ihr Fuß auf dem Kopf einer Schlange, die als Zeichen des Sündenfalls einen Apfel im Maul trägt. In ihrer formalen Geschlossenheit wirkt die Figurengruppe seltsam entrückt. Obwohl Gesten der Zärtlichkeit fehlen, ist die tiefe Beziehung zwischen der als junge Mutter idealisierten Marienfigur und dem Christuskind spürbar. Die Blicke von Mutter und Kind sind auf das Kreuz gerichtet, das der Knabe wie Spielzeug in den Händen hält. Es

Die Kanzel und der Marienaltar mit der Madonna von Wilhelm Achtermann in der Mauritzkirche. Postkarte, Anfang 20. Jahrhundert.

bildet das geistige Zentrum der Skulptur, und das Wissen um den späteren Erlösertod, der mit diesem Attribut ausgedrückt ist, verleiht der Skulptur einen Ausdruck ernster Melancholie. Die Skulptur symbolisiert so, in einer Figur zusammengefasst, das Glaubensbekenntnis von der Überwindung der Erbsünde durch den Kreuzestod Christi, den Maria als Retter der Welt geboren hatte. Mit ihren ernsten und zugleich träumerischen Gesichtern sowie einer inneren Leichtigkeit der Maria, die durch kein Gewicht beschwert scheint, nicht einmal durch das überproportional große Gotteskind, wirkt die Skulptur der irdischen Wirklichkeit enthoben und strahlt eine ‚innere Monumentalität' aus.[152]

Hierin offenbart sich die künstlerische und religiöse Haltung des frommen Katholiken Achtermann, der die Bedeutung von Kunst ausschließlich in der Steigerung des Glaubens sah. Mit dieser Auffassung entsprach er dem Ideal der Nazarener, einer deutschen Künstlergruppe, die in den 1830er Jahren in Rom eine Erneuerung der Kunst im Geiste des Christentums anstrebte und italienische und deutsche Altmeister als Vorbilder nahm. Achtermanns Entwicklung dahin hatte fast legendenhafte Züge, denn bis zum fortgeschrittenen Lebensjahr war er ein bloßer Knecht im Münsterland und lernte erst spät das Schreinerhandwerk. Wegen seines außergewöhnlichen Talents im figürlichen Schnitzen ermöglichte ihm Ludwig Freiherr von Vincke, damals Oberpräsident von Westfalen, eine Ausbildung im Atelier des klassizistischen Bildhauers Christian Daniel Rauch in Berlin. Von ihm und von den Idealen der Berliner Bildhauerschule geprägt, reiste Achtermann mit seinem ersten verdienten Geld nach Italien und wohnte ab 1840 dauerhaft in Rom, wo er die an der Akademie erlernten künstlerischen Fähigkeiten in Form und Technik nun ganz in den Dienst Gottes stellte. Hierin liegt die Besonderheit Achtermanns: geschult an den ästhetischen Prinzipien des Klassizismus, die nach ihrem geistigen Gründer Johann Joachim Winkelmann auf der edlen Einfalt und stiller Größe antiker Kunst fußen, schuf er religiöse Bildwerke von derart ausgewogener Komposition und Wirkung, dass sie dem Vergleich mit Werken der Florentiner Renaissance standhalten.

Angesichts der hohen Kosten für die Madonnenstatue musste der ursprüngliche Plan, von Achtermann auch noch eine Josephsfigur für den südlichen Seitenaltar ausführen zu lassen, fallengelassen werden. Für ein Drittel der Summe schuf der aus Dorsten stammende königlich-niederländische Hofbildhauer Johann Theodor Stracke die Pendantfigur zur Madonna. Stracke hatte auch für die 1858 in Münster errichtete Ignatiuskirche der Jesuiten einige Ausstattungsstücke gefertigt. Den Kontakt wird Pastor Aumüller vermittelt haben, der einige Jahre zuvor die Wiederansiedlung der Je-

suiten in Münster gefördert und ihnen eine Wohnung bei der Mauritzkirche zur Verfügung gestellt hatte. Strackes Josephstatue ist wie die Achtermann-Madonna aus weißem Carraramarmor und hatte – wenn auch nicht die Vielschichtigkeit der Madonna – eine imposante Wirkung. Sie steht heute im Windfang des südlichen Eingangs. Die weiße Lilie im Arm war im 19. Jahrhundert ein gern gewähltes Attribut für Josephsdarstellungen. Im Sinne der Nazarenerischen Idealvorstellungen sollte sie dem keuschen Leben an der Seite von Maria Ausdruck geben. (He)

Kriegszerstörtes Fenster der Mauritzkirche aus dem südlichen Seitenschiff neben dem damaligen Josephsaltar. Dargestellt ist die heilige Familie: Maria, Joseph und Jesus. Das Fenster gehört zu einem Fensterzyklus zur Josephslegende. Entwurf von Friedrich Stummel.

Rechte Seite: Der eiserne Orgelprospekt in der Mauritzkirche wurde nach einem Entwurf von Wilhelm Rincklake 1882 gefertigt.

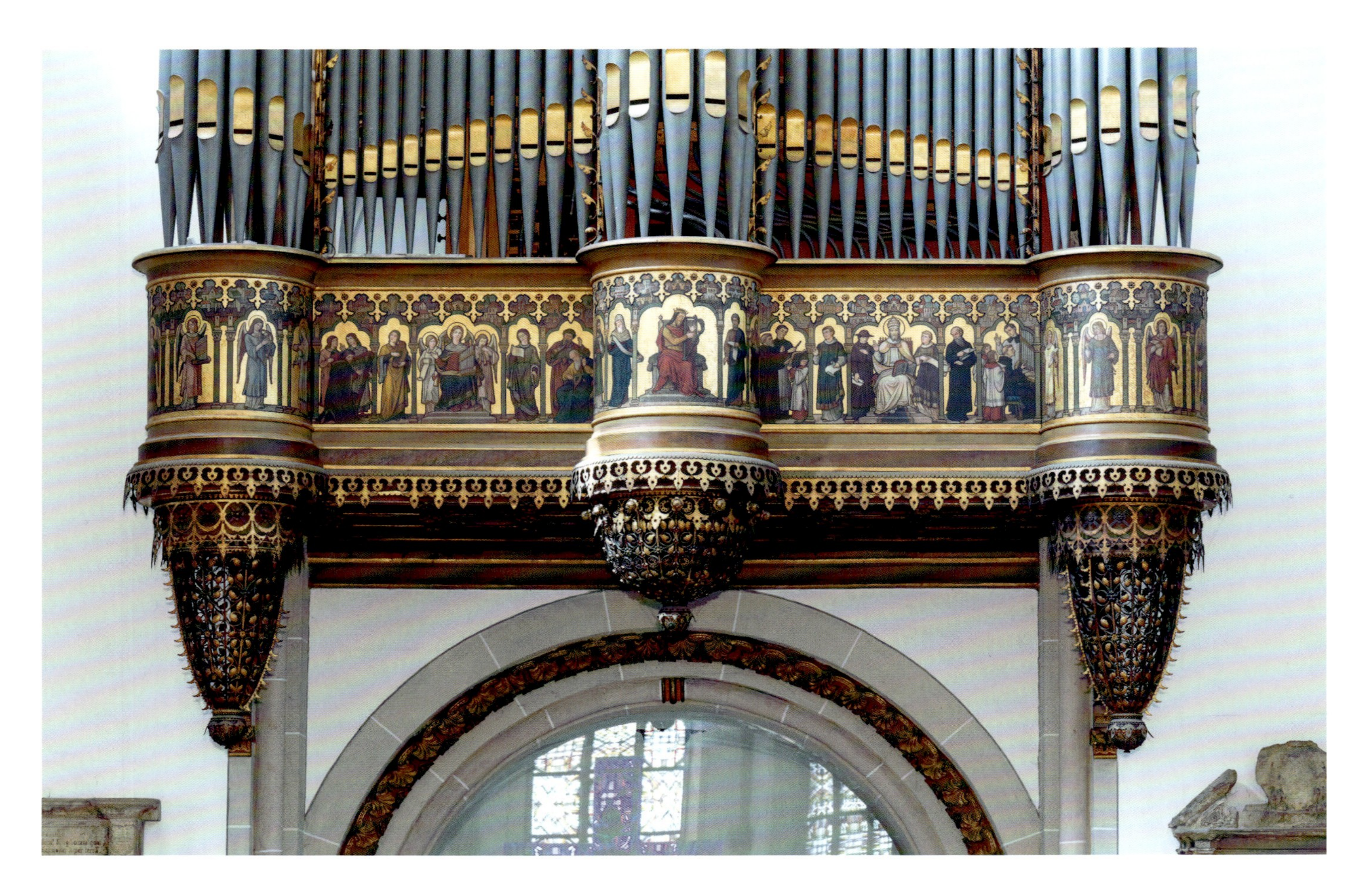

Die Malereien auf dem Figurenfries der Orgel stammen von der Malerin Marianne Wagener. Anhand der starken Konturlinien ihrer Figuren merkt man ihre Ausbildung zur Glasmalerin. Mittig erscheint David mit der Leier als Erfinder der Psalmen.

Die Orgel

Mit Fertigstellung des neuen vergrößerten Langhauses wurde auch eine entsprechend größere Orgel notwendig, die diesem Raum angemessen war. Die Aufgabe war nicht einfach, da es im Westen keine hölzerne Empore gab, auf die man die Orgel hätte stellen können, wie es zu der Zeit üblich war. Hier gab es nur die alte Rundbogenöffnung zu dem Turmraum im ersten Obergeschoss.

In diesen relativ engen Raum musste nun das neue Orgelwerk Platz finden, das der Orgelbauer Friedrich Fleiter aus Münster erstellt hatte. Es hatte und hat eine mechanische Traktur und 22 Register. Einige Pfeifen aus der Kerstingorgel von 1833 konnten übernommen werden.[153]

1882 wurde die Orgel eingeweiht und der abnehmende Gutachter bescheinigte ihr eine hohe Qualität.

Da Orgeln eine empfindliche Konstruktion besitzen, müssen sie, Maschinen vergleichbar, in relativ kurzen Abständen gewartet und überholt werden, um spielbar zu bleiben. Eine dieser Restaurierung fiel in das Jahr 1955, als man in Deutschland die Orgeln des 19. Jahrhunderts und ihr romantisches Klangbild für überholt hielt. Man veränderte das Werk teilweise, um ein mehr barockes Klangbild zu erzeugen.

Seit 1992 wurde diese historisch unhaltbare Beurteilung der Mauritzorgel verworfen. Jetzt galt das Ziel, sie wieder soweit wie möglich in ihren Ursprungszustand zu versetzen. 2002 hat die Firma Romanus Seifert & Sohn aus Kevelaer das Orgelwerk in diesem Sinne restaurieren können.

Die danach notwendigen Überholungsmaßnahmen haben alle dieses Ziel nicht aus den Augen verloren und die Orgel gilt in der Fachwelt als ein wertvolles Instrument der Romantik.

Da ein Orgelprospekt nicht eng mit dem eigentlichen Instrument verbunden sein muss, wurde er häufig nicht vom Orgelbaumeister entworfen und gearbeitet, sondern von Architekten und Künstlern. In der Mauritzkirche erlaubte der Mangel an geeignetem Platz nicht, einen klingenden Prospekt anzubringen, sondern einen stummen, in dem die sichtbaren Pfeifen nicht mit dem Orgelwerk verbunden sind.

Wilhelm Rincklake hat daraus ein Kunstwerk gemacht. Sein ausgeführter Entwurf wird zu den eigenständigsten und schönsten Orgelprospekten des Historismus in Deutschland gezählt. Als Kirchenarchitekt ist der 1851 in Münster geborene Rincklake eine bekannte Künstlerpersönlichkeit. In Münster stammt z.B. die Herz-Jesu-Kirche von ihm und in Billerbeck der Ludgerusdom. 1927 starb er im Kloster Maria Laach, in das er 1896 eingetreten war.[154]

Orgelprospekt in der Mauritzkirche mit geöffnetem Fenster für den Organisten. Das Innere um 1900 nach Westen.

In seinem Aufbau folgt der Orgelprospekt einem bekannten Gliederungsprinzip. Zwischen drei Basstürmen ordnen sich symmetrisch zwei Pfeifenflächen. Die zarte Rahmung mit der feinen Farbigkeit und den matten Goldtönen ist nicht wie sonst bei Orgelprospekten aus Holz, sondern aus Eisen, auch die Sockelplatte, auf dem der Prospekt ruht. Seine Untersicht ist als Kassettendecke gestaltet, die die Eisenträger in die Gestaltung einbezieht. Zugleich ist sie der elegante Abschluss über dem Bogen zur Erphokapelle. Das Sockelgeschoss, das normalerweise wichtige Teile der Orgelmechanik aufnimmt, ist hier ohne Funktion, aber außen mit einem gemalten Zyklus von Figuren auf Goldgrund hervorgehoben. Er stammt von Marianne Wagener, die 1867 schon die Entwürfe (Kartons) für drei figürliche Glasfenster im Chor geliefert hatte.[155]

Um die gemalte Fülle zu verstehen, betrachtet man am besten zuerst die Partie in der Mitte, wo König David mit der Harfe dargestellt ist. Er ist als Dichter vieler Psalmen die wichtigste Person für die Musik Israels im alten Bund und wird von Propheten flankiert. Rechts in der Mitte ist Papst Gregor der Große dargestellt, dessen Kirchengesang die lateinische Kirche prägt. Auf der anderen Seite links nimmt die heilige Cäcilie, die Patronin der Kirchenmusik, die entsprechende Stelle ein, ihr sind zwei Engel zugeordnet. Die einfassenden zwei Männerfiguren sind als Evangelisten zu deuten, Johannes und Lukas, ihnen gegenüber auf der rechten Seite Markus und Matthäus. Links zeigen die flankierenden Figurengruppen wohl die profane Musik, eine Dreiergruppe mit Harfe und eine sitzende Frau mit Laute und seitlich stehendem Mann, der eine Tuba bläst. Rechts wird die Musik in der Kirche gezeigt, ein Mönch und ein Geistlicher singen, ein Messdiener hält ihnen das Buch und ein Mönch begleitet zwei Messdiener an der Orgel.

Eingefasst sind alle von einer Reihe Engeln, die auf die seitlichen Bassturmsockel und Schmalseiten gemalt sind. Sie fassen den Alten und den Neuen Bund (Kirche) ein und stehen für Anfang und Ende und so auch für die Ewigkeit der himmlischen Musik. Ganz versteckt in der gemalten Schattenzone zwischen den Kleeblattbögen und dem Ornamentabschluss sieht man Architekturstücke. Sie sind ein Zitat des Frieses über den Apostelfiguren im Paradies am Münsterschen Dom und weisen auf das himmlische Jerusalem. Der strenge religiöse Inhalt der Malerei ist in der Form entsprechend eindringlich. Sie erinnert selbst wieder an romanische kirchliche Goldschmiedekunst, ist aber zugleich im nazarenischen Stil des 19. Jahrhunderts gehalten.

Darüber entfalten sich die blaugrau bemalten Pfeifen mit ihren vergoldeten Labien.[156] Die durchbrochen gearbeiteten Aufsätze der Basstürme erinnern an kuppelbekrönte Kronen und auch die Konsolen unten am Fuß der Orgel sind entsprechend durchbrochen und bewirken, dass das Ganze eine schwebende Leichtigkeit erhält bei einem kraftvollen, klaren Gesamtumriss.

Ein köstliches technisches Detail ist im Prospekt verborgen. Damit der Organist besser das Geschehen am Altar verfolgen kann, lässt sich ein Teil der Pfeifen als verstecktes Fenster öffnen. Genau dahinter ist der Spieltisch angeordnet.

Max Geisberg hat die Namen des Schlossers Kappen und des Malers (für die Rahmung) Urlaub mitgeteilt. 2000–2001 konnten die Roststellen unter großen Mühen beseitigt werden, ohne die figürliche Malerei dabei beschädigen zu müssen.

Marianne Wagener war als Maria Anna Wagener 1839 in Münster geboren worden. Sie hatte an der Kunstakademie in Düsseldorf Privatstunden genommen, da dort Frauen noch nicht zum Studium zugelassen waren. Und sie hatte Erfolg auf einigen Kunstausstellungen, bevor sie die Aufträge in der Mauritzkirche erhielt. Von ihr sind auch qualitätvolle Porträts überliefert. 1928 ist sie in Münster verstorben. (Rk)

Die Mauritiusglocke der Mauritzkirche wurde 1550 gegossen.

Blick in den Glockenstuhl der Mauritzkirche.

Die Glocken

Nicht sichtbar, aber gut hörbar hängen im Westturm sieben Glocken.[157] Sie sind wichtige Instrumente im liturgischen Gebrauch. Bis ins 20. Jahrhundert waren sie aber auch im profanen Bereich von großer Bedeutung, sie läuteten bei Feuer und warnten vor kriegerischen Überfällen und anderen Katastrophen. Auch für Versammlungen und als kollektiv verbindliche Zeiteinteilung waren sie der verbindliche Anzeiger.

An die Zerstörung der Glocken durch die Wiedertäufer erinnert die Inschrift auf der Klerusglocke von 1539. Ihr Gießer war, obwohl nicht genannt, sicherlich Wolter Westerhus aus Münster. Ihr Ornamentband an der Glockenschulter in rein spätgotischen Formen ist wohl ein gezieltes Anknüpfen an die verlorene Vorgängerglocke.

Erst 1550 konnten zwei weitere Glocken angeschafft werden, die nun Renaissanceornamente tragen. Ihr Gießer war Antonius von Utrecht. Die große ist die Mauritiusglocke mit dem Bild des Heiligen, die andere ist Johannes geweiht. Diesen drei Glocken war ein gutes Schicksal beschieden, sie läuten noch immer an ihrem originalen Platz im Glockenstuhl des Westturms.

Die Weihe der vier neuen Glocken der Mauritzkirche am 15. August 1989.

Die anderen Glocken wurden Opfer der beiden Weltkriege. 1989 wurden für diese verlorenen Glocken vier neue Glocken bei Petit & Gebr. Edelbrock in Gescher gegossen, mit den Namen Maria, Kardinal von Galen, Niels Stensen und Gabriel.

Am Tag von Mariä Himmelfahrt, den 15. August 1989, wurden sie durch Ludwig Averkamp, Bischof von Osnabrück, geweiht und in den Turm aufgezogen. (Rk)

Die Turmuhr

Ganz im Blickfeld der Vorübergehenden ist das hölzerne Zifferblatt der Uhr auf halber Höhe am Westturm. Auch werden viele den Viertel- und den Stundenschlag der Uhrglocken zählen, die hoch in der offenen Laterne des Turmes hängen. 1903 ist das Zifferblatt datiert, es wurde damals nach dem schadhaften Vorgänger an gleicher Stelle wiederholt. Das ältere hatte ein spitzgiebeliges Dach geschützt, dessen Spuren sich immer noch im Mauerwerk abzeichnen. Und es hatte, anders als das heutige, nur einen Stundenzeiger.[158] Die durchbrochenen Zeiger und die römischen Zahlen des heutigen Zifferblatts sind streng und zugleich fein aufgeteilt. In dem Zwickel sind die Jahreszahlen in ihrer Höhe gestaffelt, an dieser Stelle zeigen die Zahlen 1903 leichte Jugendstilanklänge.

Das Anzeigen der Uhrzeit ist hier seit vielen Jahrhunderten in Gebrauch. Ein Vertrag von 1307 zwischen Stift und Kirchspiel nennt einen Schlaghammer für die Stundenanzeige. Er sollte an einer der Pfarrglocken so angebracht werden, dass das Beiern wie das schwingende Läuten der Glocke möglich blieb. Da die zwei Pfarrglocken früher im südlichen Ostturm gehangen haben, müsste er dort angebracht gewesen sein. Er wird einen Hebelarm an seiner Achse besessen haben, an den ein Seil geknotet war, das bis auf die Läuteebene herabhing. So konnten der Wächter oder andere dafür Zuständige stündlich die Uhrzeit anschlagen. Wie hier die Uhrzeit selbst gemessen wurde, wissen wir nicht. Sollte das Stift schon eine mechanische Türmeruhr besessen haben, würde diese zu den frühesten Räderuhren in Europa gehören. Der Schlaghammer ist schon als besonders frühe Erwähnung kulturgeschichtlich von großer Bedeutung. Das Zählen der voranschreitenden Zeit war im Mittelalter in den Klöstern und Stiften systematisch geübt worden, einerseits dienten sie dem Festlegen der gemeinsamen Gottesdienste auch

Bernhard Pankok (1872–1943), Im Kirchhof von St. Mauritz zu Münster, 1891. Erkennbar ist das Vorgänger-Zifferblatt mit Schutzdach.

nachts, andererseits lässt sich im religiösen Sinne das geforderte Warten in Wachsamkeit auf die Wiederkunft Christi gut über die Anzeige der Uhrzeit in Erinnerung bringen.

Erst im 14. Jahrhundert wird die Zeitmessung im Stundentakt auch in den Städten üblich. Im späten 15. Jahrhundert haben im Münsterland dann auch schon zahlreiche ländliche Pfarrkirchen mechanische Turmuhren.

Ein geschmiedetes eisernes Turmuhrwerk von 1506 wurde bei dem durch die Wiedertäufer gelegten Brand zerstört. Sein Nachfolgewerk von 1552 schmiedete der Uhrmacher der astronomischen Uhr im Dom, Nikolaus Windemaker. Es wurde 1698 durch

1903 wurde das hölzerne Zifferblatt der Turmuhr am Westturm der Mauritzkirche erneuert.

ein neues ersetzt. Erhalten blieb das neue Turmuhrwerk von 1903, welches seit 1967 durch ein elektrisches Werk von der Firma Diegner & Schade aus Dorsten ersetzt worden ist.

Das alte mechanische Werk steht in der hölzernen Uhrenkammer nun still. Es war von der Firma Bernhard Vortmann in Recklinghausen gefertigt worden.[159] Die Räder des Gehwerkes und der beiden Schlagwerke sind zwischen schweren Gusseisenrahmen gelagert und zeigen die dauerhafte und präzise Fabrikqualität dieser Epoche. Diese Turmuhrwerke waren äußerst ganggenau und ihre Gewichte mussten nur einmal in der Woche aufgezogen werden. Bei ihren Vorgängern musste dagegen der Küster die Gewichte jeden Tag wieder aufwinden. (Rk)

Der Zweite Weltkrieg

Das Kriegsgeschehen veränderte auch das Leben um die Mauritzkirche. Die Kirche blieb von den Bombardierungen weitgehend verschont, obschon drei Angriffe viel Schaden in der unmittelbaren Umgebung der Kirche anrichteten. Dechant Carl Berghaus hielt in der Pfarrchronik die Ereignisse der Kriegsjahre detailliert auf mehreren Seiten fest.

-175-

nach Herbern. Pfarrer Berghaus findet zuerst Woh
im Mutterhaus des St. Franziskus-Hospitals dann i
Hause Propsteistraße 10 (Dr. Hartmann). Weihnachten war das Pfarrhaus wiederhergestellt
Auch das Waisenhaus St. Mauritz wurde durch diesen An
griff schwer beschädigt. Die Kinder (160) wurden zuerst i
Maria-Trost, Vorsehungskloster St. Mauritz, Liebfrauen
untergebracht. Dann wurden viele entlassen bezw
abgeholt. Ein Teil konnte in Gruppen untergebra
werden in der Marienburg in Coesfeld und in 3
Kinderheimen in Württemberg.

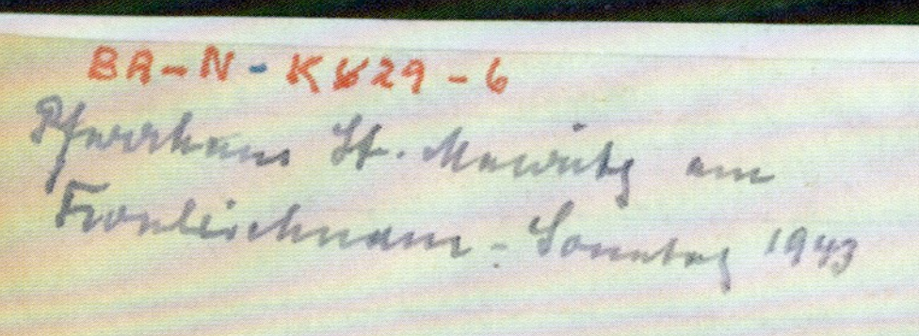

BA-N-KW29-6

Pfarrhaus St. Mauritz am Fronleichnam-Sonntag 1943

Rechts das Waisenhaus St. Mauritz nach dem Angriff am 12. Juni 1943.

4/26,60

Januar 1944 wurden der Bildstock am Guten Hirten (Christus am Ölberg) und der doppelseitige Bildstock in der Fichten-Allee hinter dem Tannenhof (Christus am Kreuz – Schmerzhafte Mutter) neu angefertigt und aufgestellt.

Ostermontag 1944 starb der Geistliche Studienrat i. R. Laurenz Bocks. Er hatte noch die 11 Uhr-Messe gehalten und war um 12³⁰ Uhr tot. Seit 1.10.1932 hatte er die östliche Kaplanei hinter der Kirche bewohnt. R.i.p.s.!

12.9.1944 schwerer Angriff auf Münster. Die Kirche St. Elisabeth und St. Antonius zerstört, St. Joseph schwer beschädigt. Die ganzen Viertel sind durch gewaltige Brände fast restlos vernichtet.

23.9.1944 ein grosser Sprengtrichter im Pfarrgarten. Fenster an Pfarrhaus und Kirche beschädigt.

30.9.1944 Angriff auf Dortmund-Ems- und Mittelland-Kanal bei Ladbergen am späten Abend, zum ersten Male mit Langzeit-Zündern, die bis in den Morgen hinein detonieren.

4/26/74

5.10.1944. Gross-Angriff, „schwarzer Tag" für unsere Kirche und ihre nähere Umgebung. In der Kirche 2 Brände (im Mittelgang und Beichtstuhl Kaplan Thier) werden bald gelöscht. Ebenso brennt es auf beiden Seitenschiffen – auch leicht gelöscht, nachdem man die Kupfer- bezw. Zink-Bedachung aufgeschlagen hatte. Auf dem Gewölbe des Mittelschiffes sind mehrere Brandbomben ausgebrannt, ohne Schaden anzurichten. 2 Brandbomben auf Pfarrhaus-Speicher – ohne grossen Schaden. 3 Sprengtrichter im Pfarrhaus-Garten. Trotz energischer Lösch-Arbeiten beide Kaplaneien je zur Hälfte abgebrannt. Erheblicher Teil der Kaplanei Thier durch Sprengbombe vernichtet. Wohnung des Direktors des Mutterhauses ausgebrannt; auch die Wohnung des Küsters. Die Heimsuchung etwa zur Hälfte abgebrannt. Dach des Franziskus-Hospitals und ein erheblicher Teil der Ökonomie ausgebrannt.

7.10.1944 schwerer Angriff auf Mauritz. Der ältere Teil des Mutterhauses fast ganz zerstört, die Kapelle schwer beschädigt. Waisenhaus und Altersheim Maria Trost ausgebrannt (Der Rest der Schwestern des Waisenhauses zieht in das Haus Mulert-Dechaneistr. 27.) Leichenhalle und Infektions-Abtlg des Franz. Hospitals zerstört. 2 Sprengtrichter auf Friedhof I; 1 Trichter auf Friedhof II.

Vor der Mauritzkirche liegen Teile von der Kanzel, die bei der geistlichen Neuordnung der Kirche 1970 nicht mehr gewollt war.

Neuordnung des Kirchenraums

Als man in Deutschland 1945 vor den Trümmern seiner Städte und seiner verratenen Werte stand, wurde in den Kirchen um einen Weg gerungen, der durch Wahrhaftigkeit und Klarheit eine architektonisch-künstlerische Erneuerung öffnen sollte. Die Architekten Rudolf Schwarz und Dominikus Böhm hatten im Geist der Liturgiebewegung neue Kirchenräume entwickelt, die in den 1950er Jahren zum Leitbild des katholischen Kirchenbaus wurden. Dabei waren Reduktion und Nüchternheit prägend, ein Prinzip, das sich beim Wiederaufbau oder der Restaurierung von Bestandsbauten als Stilprinzip durchsetzte. Die umfangreichen historistischen Ausmalungssysteme bewertete man jetzt als verfälschende Zutaten, von denen man sich trennen wollte. Die als überreich und künstlerisch fragwürdig eingestuften Ausstattungsstücke des Historismus wurden weggeräumt und vielfach ganz beseitigt. Erst in den 1970er Jahren wurde diese Haltung stückweise revidiert und ein differenzierterer Umgang mit der kirchlichen Kunst des 19. Jahrhunderts setzte sich durch.

Die Neuordnung des Inneren der Mauritzkirche spiegelt diese Entwicklung. Wenn auch die Aufbruchsstimmung der Zeit um 1950 heute nicht mehr allgemein präsent ist, macht sie den asketisch-demütigen Purismus der Wiederaufbaujahre für uns heute fassbar.

Trotz der vergleichsweise geringen Kriegsschäden an der Mauritzkirche, die schon bald nach Kriegsende mit einer Neuschaffung von Fenstern und Reparatur des Dachs sowie die Erneuerung der Bleideckung der Turmhaube durch die Pfarrgemeinde selbst behoben wurden, begann 1950 in drei Bauabschnitten eine umfangreiche Restaurierung der Innenräume, zum größten Teil vom Wiederaufbauministerium finanziert und eng begleitet vom Landeskonservator.[160]

Die Bauleitung hatte der Münsteraner Architekt Hans Ostermann. Mit viel Geschick und Kompetenz beriet er Pastor Berghaus, fertigte Zeichnungen und Skizzen und sorgte dafür, dass als besonders wertvoll erkannte Kunstwerke eine neue Wertschätzung erhielten. Mit ordnendem Blick für die Raumwirkung entfernte er historistisches Mobiliar und sorgte mit einem durchgängig hellen Anstrich der Flächen und farbiger Betonung der gliedernden Architekturelemente für eine konzentrierte Wirkung des vielgestaltigen Kirchenraumes.

Ostermann hatte damals bereits vielfach Erfahrungen im Kirchenbau: 1927 hatte er einen Entwurf für die Erphokirche eingericht, dann 1938 die Konradkirche an der Mondstraße und 1939 die Elisabethkirche an der Dortmunder Straße erbaut; etwa zeitgleich mit der Neugliederung der Mauritzkirche wurde nach seinen Entwürfen 1949-50 die Kirche St. Wendelin in Greven-Bockholt errichtet. Für die zeitgemäße Modernisierung der Mauritzkirche nutzte Ostermann als Mitglied der Künstlervereinigung ‚Die Schanze' seine engen Kontakte zu verschiedenen Künstlern, allen voran Ernst Bahn, der in der Wandmalerei ausgebildet war und sowohl die neuen Wandanstriche, die Polychromierung der Steinbildwerke in der Kirche und auch die Restaurierung der Tafelbilder besorgte.

Begonnen wurde 1948 mit dem Chor, der neue, geometrische Ornamentfenster von Bernd Schlüter aus der Glasmalerei Derix in Kaiserswerth bekam. Ähnliche Fenster hatte Schlüter 1944 in der Marienkapelle des Doms realisiert. Mit ihrem feinen Mosaik drücken sie das Gebot der Schlichtheit wunderbar aus. Eine Bildthematik sollte hier nicht entstehen, damit das barocke Hochaltarbild als Retabel die inhaltliche Mitte mit dem Gekreuzigten blieb. Die Glasbilder von Schlüter dämpfen das Licht der Ostfenster unmerklich, geben dem Tageslicht eine abwechslungsreiche Färbung und lassen den Chor festlich und hell erscheinen, ohne das Altarbild zu überstrahlen.

Die Gestaltung eines neuen Hochaltars war Pastor und Kirchenvorstand ein großes Bedürfnis. Hertels neugotischen Altar empfand man für den Blick aus der Distanz des Mittelschiffes als zu klein. Ostermann setzte das barocke Kreuzigungsbild von Jan Boeckhorst, das knapp 80 Jahre zuvor entfernt worden war und seit 1924 an der nördlichen Chorwand hing, in das Zentrum des neuen Hochaltars und verwendete den Tisch des bestehenden Altars ebenso weiter wie die Leuchterbank und den Tabernakel.[161] Die neugotische Reliefplatte der Predella

Erneuertes Seitenschiffenster der Mauritzkirche, 1946 von der Fa. Junglas aus Münster ausgeführt.

ließ er hinter vier schlichten Säulen mit Reliefen der Evangelistensymbole von Aloys Röhr verschwinden und gab damit dem Hochaltar 1951 eine völlig neue Erscheinung. Das Kreuzigungsbild von Jan Boeckhorst, das dem barocken Inszenierungswillen entsprechend auf Fernsicht angelegt ist, hatte seinen barocke Rahmenarchitektur längst verloren und brauchte einen angemessenen Rahmen. Als Gegengewicht zur massiven Predella entwarf Ostermann dafür eine hohe Bekrönung mit dem schlicht gerahmten Mauritzer Wappen, das von einem reich geschwungenen Schriftband eingefasst ist. Darüber, in senkrechter Linie mit dem Gekreuzigten, dem Kreuzestitel und dem Wappen steht wachsam der Kirchenpatron.

Konsequenterweise ersetzte Ostermann schon im folgenden Jahr auch die Fronten am quadratischen Tabernakel. Die neue zweiteilige Tür ist das Werk von Karl Schrage, der an der Meisterschule des gestaltenden Handwerks in Münster die Gold- und Silberschmiedeklasse leitete und später als Professor an der Werkkunstschule Wuppertal bis 1971 wirkte.[162] Die feine Emaillearbeit auf Silber mit gefassten Rosenquarzen zeigt 16 Cherubim, die wie in einem Vexierbild erst auf dem zweiten Blick zu erkennen sind, weil die Flügel der stark stilisierten Engelfiguren sie wie eine Mandelform ganz umfassen. Im Rhythmus mit den leuchtenden gelben Kopfnimben der Engel und den in Silber gefassten Rosenquarzen entsteht der Eindruck eines ornamentalen Musters. Die Arbeit zeigt noch die Nähe zu früheren Arbeiten von Karl Schrage wie die Wetterfahne in Form des Erzengels Michael auf dem Heimathaus in Telgte von 1934. Bald nach der Tabernakeltür für die Mauritzkirche arbeitete Schrage mit Architekten wie Rudolf Schwarz und Hans Schwippert zusammen, für deren Kirchenbauten er Tabernakel und andere liturgische Gegenstände anfertigte – nun dominierten die abstrakte Gestaltung und die Hervorhebung der kostbaren Materialien.[163]

Von der neugotischen Ausstattung des Chores verblieb das Kostbarste, die Apostelfiguren, an den Diensten. Am Chorgestühl wurden 1970 die neugotischen Teile von 1866 zur Betonung der barocken Stuhlwangen mit geschnitzen Cherubsköpfen entfernt und um schlichte Bankreihen ergänzt. So wurden Sitzplätze für Werktagsmessen im Chor gewonnen.[164]

Die Erphokapelle unterzog Ostermann einer grundlegenden Veränderung. Die schwere neoromanische Malerei mit großformatigen ornamentalen Verzierungen auf Bögen, Wänden und Gewölben von 1927 wurde ebenfalls mit schlichtem Weiß übermalt, womit nun „die verhaltene Spannung des wuchtigen, so ganz westfälischen Gewölbes nachempfunden werden kann", wie ein Zeitgenosse lobte.[165] Außerdem wurde das Gitter mit Bekrönung um das zentral platzierte Taufbecken entfernt, so dass der Blick ganz frei auf die nun farbig betonten Epitaphien an den Wänden fallen konnte. Die Altäre

Tabernakeltür von 1951. Silber und Emaille. Der Goldschmied ist Karl Schrage. Ab 1958 war er Professor für Metallgestaltung an der Werkunstschule in Wuppertal.

Wetterfahne als Erzengel Michael auf dem Heimathaus in Telgte, 1934 von Karl Schrage gefertigt.

Kriegerehrung in der Mauritzkirche. Entwurfszeichnung von Hans Ostermann.

unter den beiden spätmittelalterlichen Gedenktafeln für die Kanoniker Belholt und Bischopink wurden abgebaut – ein Segen für den unter Feuchtigkeit leidenden Raum–, denn wie man festgestellt hatte, hausten früher unter ihrem Fundament schon die Kröten.

Die Kapelle, die bereits damals den Gemeindemitgliedern durch die kleine Tür stets offenstand, sollte weiterhin ein Ort der privaten Andacht bleiben. Neue Skulpturen der in den Notjahren sehr verehrten Heiligen Judas Thaddäus und Antonius, geschaffen von Heinrich Bäumer, Mitglied der christlichen „münsterischen St. Lukasgemeinschaft", fanden für Gebet und Opferkerzen einen Platz in eigens geschaffenen Nischen.

Ein großes Anliegen war wie anderswo auch das Gedenken an die Toten des Zweiten Weltkrieges. In Mauritz sah man dazu den unteren Kapellenraum des Westturms vor. Nach der auch statisch notwendigen Verlagerung des Turmaufgangs von der Kapelle aus in die Südvorhalle, machte Ostermann zwei Entwürfe für eine Krieger-Gedächtnisstätte an der südlichen Kapellenwand. Sie zeigen, dass auch die wiederentdeckte Altartafel der Kanoniker Bischopink zunächst als Gedenkbild erwogen worden war.

Der dritte, vergleichsweise moderate Sanierungsabschnitt galt dem Langhaus und den Seitenschiffen. Der Restaurierung der Seitenaltäre[166] und Reinigung der Marmorfiguren sowie Beseitigung kleinerer Kriegsschäden folgte der Einbau einer Sängerempore im letzten Joch des südlichen Seitenschiffs, die sich aber offenbar nicht bewährte, denn sie wurde bei der Renovierung 1970 wieder beseitigt. Vor allem der einheitlich helle Anstrich der bislang ornamental und mit vielen Schriftzügen und Spruchbändern geschmückten Wandflächen unter Beibehaltung der mit Gold hervorgehobenen Rippen, Dienst und Kämpferzonen brachte eine große Veränderung. Man entschied sich, die Gemäldefelder mit den acht Seligkeiten nach der Reinigung von Kerzenruß und Weihrauch zu erhalten und ließ sie von Ernst Bahn restaurieren (seit 1970 übertüncht).

In der Folge des Zweiten Vatikanischen Konzils und zur geplanten 900-Jahr-Feier 1970 wurde wieder eine Neugestaltung des Innenraumes vorgenommen, die den Gemeinderaum nochmals maßgeblich veränderte. Der Taufstein erhielt nun den Platz im südlichen Seitenschiff. Der neue Zelebrationsaltar bekam seinen Platz am Beginn des Chores und der Chorboden musste ergänzt werden.

Christus am Kreuz. Ölgemälde des 17. Jahrhunderts von unbekannter Hand in der Turmkapelle der Mauritzkirche, Mittelpunkt der Kriegerehrung.

Der Altar steht seitdem gemäß den Zielen der Liturgiereform näher bei der versammelten Gemeinde. Im relativ schmalen Mittelschiff wurden durchlaufende Bankreihen aufgestellt, die sehr dazu beitragen, dass der Raum heute einladend wirkt und Gemeinschaft vermittelt. (He/Rk)

Rechte Seite: Der seit 1970 neu geordnete Kirchenraum mit dem Zelebrationsaltar an vorgezogener Stelle als Folge der Beschlüsse des II. Vatikanischen Konzils.

Glaubenszeugnisse der Moderne

Der Chorteppich

Zu den verborgenen Schätzen der St. Mauritzkirche gehört ein gestickter Teppich. Bis in die 1960er Jahre hat er wohl bei besonderen Festen vor dem Hochaltar seinen Platz gehabt.[167] Später hat man ihn als Wandteppich mit rückseitigen Aufhängungen versehen. Um ihn zu erhalten, ist er 2020 gereinigt und konserviert worden. Querrechteckig ist sein eisenoxydrotes Mittelfeld, um das ein breiter tiefblauer Rand genäht ist. Ein blauer Futterstoff stabilisiert die Rückseite. Im Mittelfeld ranken aus einer Vase symmetrische Rosenranken mit weißen Blüten. In strenger, eckig geführter Schrift sind sie als Rosa Mystica bezeichnet. Auch die Rechteckbilder auf dem blauen Fries sind so beschriftet. Sie sind von einem Mäanderband eingefasst und in allen Zwischenfeldern sind Lilien eingestickt. Rosen und Lilien sind Symbole Mariens und auch die anderen Darstellungen sind bildliche Umsetzungen von Anrufungen an Maria.

Diese Gebete wurden im späteren Mittelalter im Wallfahrtsort Loreto zusammengestellt und heißen danach die Lauretanische Litanei.[168] Nördlich

Der knapp 7 Meter lange Marienteppich mit gestickten Mariensymbolen aus der lauretanischen Litanei (um 1911).

der Alpen wurden sie seit der Drucklegung 1587 bekannt und in der Gegenreformation wurde diese Form der Marienverehrung und die Loretokapellen weit verbreitet. Nach dem Kulturkampf des 19. Jahrhunderts wurde diese Verehrung wiederbelebt. Mit dem Zweiten Vatikanum veränderten sich die Schwerpunkte der Frömmigkeit und so sind nur noch wenige dieser Anrufungen allgemein bekannt. Hier seien davon der Morgenstern (Stella Matutina), Thron der Weisheit (Sedes Sapientiae) und das Himmelstor (Porta Coeli) hervorgehoben.

Künstlerisch ist der Teppich einer Paramentenwerkstatt zuzuschreiben, die den Stil der Beuroner Schule pflegte.[169] Im schwäbischen Benediktinerkloster Beuron gründete sich 1868 diese Künstlervereinigung, die religiöse Tiefe mit formaler Strenge kombinierte und die der symbolistischen Malerei des späten Historismus und des Jugendstils formal nahestanden. Die außerordentliche Feinheit im Detail ist ein prägendes Kennzeichen dieser Epoche bis um 1925.

Drei Kanontafeln für die Altäre, die im Kirchenschatz aufgehoben sind, zeigen den gleichen Beuroner Stil. Sie sind 1911 datiert. Um diese Zeit wird auch der Teppich gefertigt worden sein. (Rk)

Hungertuch der Mauritzkirche nach der Fertigstellung 1993. Daneben vier der Stickerinnen.

Hungertuch der Mauritzkirche, Detail Kain und Abel, der Brudermord.

Gesticktes Gotteslob: Das Mauritzer Hungertuch

Von Aschermittwoch bis zur Abendmesse am Mittwoch der Karwoche hängt das aus Leinen gefertigte, über vier Meter breite gestickte Hungertuch im Chor. Es ist nicht nur ein besonderes Beispiel für die Wiederbelebung der alten Tradition westfälischer Hungertücher in moderner Form, sondern auch ein gemeinschaftliches Glaubenszeugnis von Laien und Priestern, professionell geschulten und ehrenamtlich Tätigen, wie es seit den 1980er Jahren in einigen Pfarrgemeinden des Münsterlandes mit der Erarbeitung von Hungertüchern realisiert wurde. Zu seiner Herstellung fand sich 1991 eine Gruppe Frauen der Pfarrgemeinde St. Mauritz zusammen, die das Tuch in 2316 Arbeitsstunden nach einem Entwurf der Kunsthandwerkerin Lotte Bach unter ihrer Anleitung gestickt haben.[170] Lotte Bach hatte in den 1920er Jahren die Werkkunstschulen in Münster und Köln besucht. Ihre klare, schnörkellose Formensprache war stark geprägt vom Reformvorstellungen des Kölner Instituts für religiöse Kunst und seit 1930 stickte sie selbst großformatige Hungertücher, Paramente und andere liturgische Textilien. Ihre Arbeiten waren im Münsterland weithin anerkannt, weshalb die Mauritzer Gemeinde sich glücklich schätzte, die damals schon über 80jährige Künstlerin noch für den Entwurf zu gewinnen.[171]

Der liturgische Brauch, den Altarraum in der vorösterlichen Zeit zu verhüllen, hat eine lange Tradition, die bis in Frühmittelalter zurückreicht. Ursprünglich war der gesamte Chorbereich während der vierzigtägigen Fastenzeit mit einem *velum quadragesimale* verhängt und damit das Geschehen am Altar dem Blick der Gottesdienstbesucher für vierzig Tage entzogen. Zur körperlichen Buße kam damit der Verzicht auf das Schauen des Mysteriums beim Messopfer hinzu, weshalb die Bezeichnung „Hungertuch“ aus dieser visuellen Enthaltsamkeit abgeleitet wird. Mit dem Spätmittelalter ging die verhüllende Bedeutung der Tücher allmählich verloren. Sie wurden kleiner und veranschaulichten mit ihren erzählenden Bilderfolgen die Passionsgeschichte. Bis auf wenige Gegenden verschwand nach der Reformation der liturgische Brauch der Fastentücher ganz aus den Kirchen. Nirgendwo sind aber so viele historische Hungertücher erhalten wie in Westfalen, wo sich mit der sog. Filetstickerei auch eine besondere Sticktechnik etablierte, die den Tüchern ihre durchscheinende Wirkung gab.[172] Lotte Bach griff diese Wirkung mit der Technik der Negativstickerei im Mauritzer Tuch wieder auf. Die Figuren kommen vor der mit einem braunen Faden farbig gestickten, räumlichen Umgebung wie lichte Gestalten aus dem Leinengrund hervor, was ihnen trotz ihrer Flächigkeit eine schwebende Leichtigkeit verleiht. Um die zentrale Kreuzigungsszene auf der Weltkugel über der Arche Noah gliedern sich Bildfelder, die biblische Geschehen von Verderben und Erlösung erzählen. Zeigen die Bilder auf der linken Seite Motive der Todesdrohung und des Bösen, so bildet die rechte Seite mit der Errettung Jonas aus dem Walfisches, dem Sieg über den Tod durch die Auferstehung und die Wiederkunft Christi als Weltenrichter am jüngsten Tag das biblische Heilsgeschehen ab. Alles ist überfangen von dem Bild des Regenbogens als Zeichen des Bundes zwischen Gott und den Menschen, die auch die Kirche in Form des Petersdoms und dem Abbild der Mauritzkirche einschließt.[173] (He)

Das Lichtkeuz in der Mauritzkirche von Ludger Hinse

Das Lichtkreuz

In Ludger Hinses Lichtkreuz spürt man nichts mehr von Marter und Leiden. Das zentrale Zeichen für den Opfertod Christi, das seit 2010 in vielen Wochen des Kirchenjahres über dem Altar hängt, ist fast ganz in Licht verwandelt. Je nach Lichteinfall schillert das aus Akrylglasplatten gefertigte symmetrische Kreuz in vielen verschiedenen Farben, von zarter Transparenz bis zu kräftigen Rot- oder Blautönen. Vom Luftstrom im Kirchenraum leicht bewegt, dreht sich das Kreuz langsam und verändert ruhig seine Farben und die Reflektionen der Architektur auf seiner durchsichtigen Oberfläche. Zugleich scheint das Kreuz aus sich selbst zu leuchten und wirkt dann wie gefüllt mit immaterieller Kraft, ein Effekt, der sich durch das besonders ausgewählte Akrylglas einstellt.

Die vielen changierenden Farben, die das sich brechende Licht erzeugt, suggerieren eine Sphäre des Vergeistigten, ja Göttlichen. Schon Abt Suger von St. Denis hatte 1144 dem Licht, das durch die bunten Glasfenster in gotischen Kathedralen fällt, die Energie zugesprochen, „die gegenwärtige Kirche und auf wunderbare Weise in das himmlische Königreich" zu verwandeln.[174]

So vielschichtig in seiner Strahlkraft, so einfach ist das Kreuz in seiner Form. Hinse reduziert die formale Gestaltung seines Lichtkreuzes bis auf das Äußerste, überlässt dem Licht den ganzen inhaltlichen Ausdruck und macht das Kreuz zu einem Symbol der Verwandlung. Christi Leid und Überwindung sind hier verwandelt in pures Licht und erinnern an das Wort: „Ich bin das Licht der Welt. Wer mir nachfolgt, wird nicht in der Finsternis umhergehen, sondern wird das Licht des Lebens haben (Joh. 8,12)". So wird das Kreuz in seiner Immaterialität, die Unberührtheit, Klarsicht und Reinheit ausstrahlt, zu einer Projektionsfläche des Glaubens.

Der Künstler Ludger Hinse setzt sich seit den 1990er Jahren künstlerisch mit dem Kreuz als zentralem christlichen Zeichen auseinander.[175] Ihn beeindruckt die Symbolkraft des Kreuzes, das für die Menschen immer wieder zu einem „Kraftwerk" werden konnte. Sein Anliegen ist es, das Kreuz als Verständigungszeichen in den Blick zu nehmen.

Eine Spende der Schützenbruderschaft St. Mauritz von 1624 ermöglichte den Ankauf des Kunstwerks, das Teil des breitangelegten Ausstellungsprojekts „Das Kreuz mit dem Kreuz" in NRW (2007–2009) war.[176] (He)

Entwurfsmodell zur Erweiterung der Mauritzkirche von Diöz.-Baumeister Wilhelm Sunder-Plassmann, ca. 1912, restauriert 2019. Gips auf Holzplatte, farbig gefasst.

Erweiterungsmodell von Prof. Ludwig Becker, Diöz.-Baurat im Bistum Mainz, ca. 1912, restauriert 2018, Gautschpappe.

Bauvisionen

Waren die Veränderungen an der Kirche in den Jahrhunderten des Stifts vergleichsweise langsam vor sich gegangen, so forderte der rasante Wandel von Stadt und Gesellschaft im 19. Jahrhundert auch von der Mauritzkirche eine schnelle Anpassung. Bereits 40 Jahre nach dem Bau des vergrößerten Langhauses durch Emil von Manger war die Kirche nach Eingemeindung und Bebauung der Flächen zwischen ehemaliger Stadtbefestigung und Stiftsimmunität erneut zu klein geworden. Die Kirchengemeinde war stark angewachsen: Nach Berechnungen des Kirchenvorstands zählte die Pfarrgemeinde, abzüglich der vielen Ordensgemeinschaften im Kirchspiel, 8800 Mitglieder, die zu den sonntäglichen Gottesdiensten in die Mauritzkirche kamen. Für sie musste noch einmal eine Erweiterung in Aussicht genommen werden. Die Mauritzkirche des 19. Jahrhunderts hatte nur 360 Sitzplätze und übervolle Messen waren die Regel. Der Kirchenvorstand notierte, dass "in Folge der verbrauchten schlechten Luft jeden Sonntag mehrere Teilnehmer in der Kirche erkranken und hinausgehen oder hinausgetragen werden müssen."

Seit 1907 sind mehrere Entwürfe zur Erweiterung der Kirche bekannt, darunter Arbeiten des Mainzer Diözesanbaumeisters Ludwig Becker und seines Münsteraner Kollegen Wilhelm Sunder-Plassmann, aber auch vom noch jungen Architekten Alfred Hensen, dessen Entwurf uns nur in einem Bericht überliefert ist. Es war die Zeit einer auch anderswo enormen kirchlichen Bautätigkeit, entstanden im Zuge von wachsender Bevölkerung, wirtschaftlichem Aufschwung sowie dem Ende des Kulturkampfs. Das Bekenntnis zum Katholizismus nahm zu und äußerte sich mit regem Gottesdienstbesuch.

Von den damals vorgelegten Entwürfen zur Vergrößerung der Mauritzkirche sind zwei große Entwurfsmodelle sowie der entsprechende Schriftwechsel erhalten, die uns ein genaues Bild von den kühnen Erweiterungsplänen dieser Zeit geben. Wilhelm Sunder-Plaßmann sah einen gewaltigen Kirchenbau vor, der sich mit einem neuen Langhaus und neuem Hauptchor nach Süden erstreckte und das historische Kirchengebäude nur noch als ein zweites Querhaus vorsah. Der Entwurf von Ludwig Becker hielt hingegen die Ostausrichtung der Kirche bei, erweiterte das Langhaus aber zu einer großen, dreischiffigen Hallenkirche mit erhöhten parallelen Satteldächern, die die mittelalterlichen Türme seitlich umschließen, und fügte mehrere Kapellen an. Beide Entwürfe hatten keine Skrupel, mit ihren weitgreifenden Neuschöpfungen das Aussehen der Stiftskirche als „einem uralten Denkmal im Stadtbild"[177] erheblich zu verändern. Den Respekt vor der alten Bausubstanz äußerte man bei diesen Erweiterungsplanungen in der stilistischen Anpassung. Diözesanbaumeister Sunder-Plaßmann war sogar der Meinung, dass das Gesamtbauwerk durch seine großdimensionierte Vierungskuppel „wieder so recht, dem Alten entsprechend, den Charakter der Stiftskirche in ihren malerischen Formen" erhalten würde.

Schlussendlich verhinderte das Veto des Generalvikars 1913 den Neubau einer Kirche nach dem Entwurf von Ludwig Becker. Vielleicht hatte man doch Bedenken wegen der massiven baulichen Veränderungen der mittelalterlichen Stiftskirche. Auf der

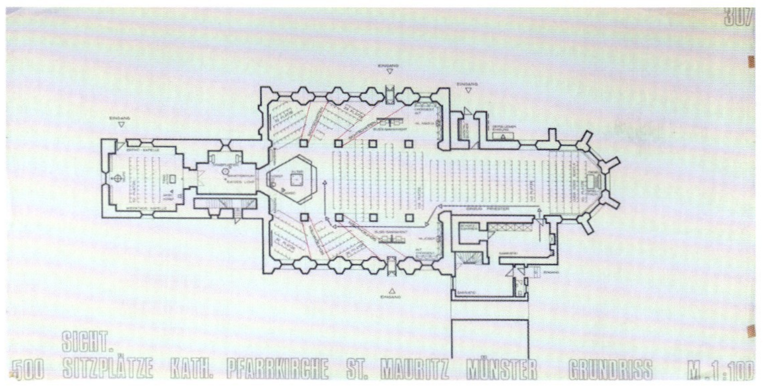

Umgestaltungs-Grundriss für die Mauritzkirche. Rave und von Hausen, Mai 1967.

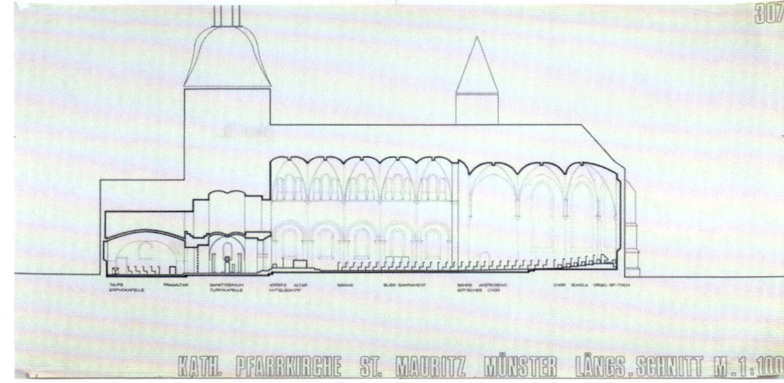

Skizze zur Raumverteilung in der Mauritzkirche. Rave und von Hausen, Mai 1967.

Aufriss der Mauritzkirche für die geplante Erweiterung. Hans Ostermann 1966.

Aufrissplanung für die Mauritzkirche mit ersetzten Stützen. Hans Ostermann 1966.

Grundlage eines Baugutachtens, das Zweifel an einer Unterfangung der Osttürme im Innern hegte, die Becker zur freien Sicht von den Seitenschiffen in den Chor vornehmen wollte, beendete die bischöfliche Behörde die Umbaupläne der Mauritzkirche und forderte stattdessen klugerweise den Neubau einer Filialkirche, die dann mit dem Bau der Erphokirche 1929/30 realisiert wurde.

Zu Beginn der 1950er Jahre sahen sich die Gremien der Pfarrgemeinde nur zwei Generationen später nach sprunghaftem Anstieg der Bevölkerung durch den Zuzug aus dem Osten wieder vor der Aufgabe, mehr Platz für die Gottesdienstbesucher zu schaffen. Nun standen zwar denkmalpflegerischen Überlegungen viel klarer im Vordergrund, das Erscheinungsbild der Dreiturmgruppe zu bewahren. Die Vorschläge eines beschränkten Architektenwettbewerbs bezogen sich deshalb auf eine Veränderung des Innenraums und erscheinen heute fast ebenso kühn wie die historistischen Erweiterungsvisionen. Der Münsteraner Architekt Max von Hausen legte einen Plan vor, der eine vollständige Umorientierung von Ost nach Westen vorsah. Unterhalb der Orgel sollte ein neuer Gemeindealtar platziert werden und in die Außenwände der neoromanischen Seitenschiffe sollten neue Eingänge gebrochen werden. Sein Kollege Hans Ostermann präsentierte dazu Varianten, bei denen die sichtnehmenden Pfeiler im Langhaus der 1860er Jahre durch dünne Stahlstützen ersetzt werden sollten. Auch aus denkmalpflegerischen Gründen sind diese Ideen aber nicht weiterverfolgt worden. Vielmehr ergab sich eine funktionale Lösung aus kleinen Schritten zur Neuordnung des Kirchenraums wie dem Abbau von Seitenaltären und einer Verbesserung der Sicht auf den Altar durch leichtes Absenken des Fußbodenniveaus nach Osten. Ein sehr wirksames Mittel lag fern von baulichen Veränderungen: Nach dem Konzil zugelassene Vorabendmessen am Samstag ermöglichten auch in der Mauritzkirche eine breitere Verteilung der Gottesdienstbesucher, was zu einer deutlichen Entlastung der Sonntagsmessen beitrug. (He)

Der ehemalige Friedhof und die Immunität heute

Wahrscheinlich hatte schon seit Beginn des Stiftes die Nordseite der Kirche als Friedhof für die Bevölkerung gedient.

Im Süden, wohl hauptsächlich im Kreuzgangareal, wurden die Stiftsherren beigesetzt. Erst kurz vor der Aufhebung des Stifts wurden 1805 Beerdigungen dann hier aus hygienischen Gründen verboten.

Im Laufe der Jahrhunderte war der Mauritzfriedhof wie die anderen Friedhöfe in Münster zu klein geworden. Daher hatte man alle nicht verwesten Gebeine gesammelt und in ein Beinhaus gestapelt. Die Erdgeschosskapelle im nördlichen Ostturm hat bis in die 1860er Jahre diesem Zweck gedient.

1870 konnte dann ein neuer Friedhof am Mauritz-Linden-Weg geweiht und der alte geschlossen werden. Das Friedhofskreuz von 1841 wurde dorthin umgesetzt. Aber schon 1886 musste ein weiterer Friedhof etwas weiter östlich in Gebrauch genommen werden. Beide blieben bis heute genutzt.[178]

An den ersten Friedhof erinnern heute nur noch wenige Grabmäler. Der heutige parkähnliche Charakter ist aber erst im 20. Jahrhundert entstanden, vorher war der Friedhof so dicht belegt, dass dort kein Platz für Bäume war.

Die Inschrift des Grabsteins für Sophie Hüffer, der 1848 gesetzt wurde, entspricht in neuzeitlicher Manier derselben Bitte um Fürsprache bei Gott wie die Epitaphien des Mittelalters und Barock.

Ehemaliger Friedhof auf der Nordseite der Mauritzkirche. Das Grabmal der Sophie Hüffer geb. Aschendorff, Witwe. des Hofrats Prof. Chr. Hüffer, von 1848 zeigt zum Hauptweg die vielgelesene Inschrift. Es ist eines der wenigen erhaltenen Grabsteine des Kirchspielfriedhofs.

Ein weiterer Wandel prägt das alte Immunitätsgelände heute. Unmittelbar hinter dem südlichen Platz an der Kirche hat man zwischen 1985 und 1989 neben dem in den 1960er Jahren errichteten Jugendheim das Pfarrheim errichtet, das für die vielfältigen Aufgaben einer heutigen Kirchengemeinde dient. Um eine besonders wertvolle Lösung dafür zu finden, wurde ein Wettbewerb ausgelobt, den das Büro Walter von Lom aus Köln gewann.

Die niedrige auf die grüne Umgebung bezogene Architektur aus Backstein, Glas und Holz ordnet sich der gewachsenen Umgebung unter. Aber nach Bau- und Aufenthaltsqualität erfüllt sie einen hohen Anspruch. Und sie trägt das Ziel weiter, die Stiftsinsel von St. Mauritz in ihrer religiösen Bestimmung aufrecht zu erhalten. (Rk)

Die Kaplanei von 1847 beherbergt heute das ambulante Kinderhospiz „Die Königskinder". Den Umbau plante der Architekt Jörg Preckel (Büro Pfeiffer Ellermann Preckel GmbH Münster), fertiggestellt wurde er 2011.

Bernhard Kösters zeichnete 1992 das neue Pfarrheim.

Anmerkungen

1 A. Schröer, Bischöfe von Münster, 1993. Balzer, Bischöfe, 2009.
2 Lobbedey, Grab, 1970; Lobbedey. St. Mauritz, 1987.
3 Dendrochronologie, naturwissenschaftliche Methode anhand von Jahresringen das Alter eines Baumes zu bestimmen.
4 Zu Mauritius vgl. Suckale-Redlefsen, Mauritius, 1987; Thurre, L'atelier romain 1992.
5 LAV NRW W, B 214u Kloster Marienfeld – Urkunden, Nr. 13. Kohl, Kollegiatstift, 2006, 152.
6 LAV NRW W, B 207u Stift St. Mauritz, Münster – Urkunden, Nr. 204 von 1529 August 28. Den Hinweis darauf verdanke ich Dr. Mechthild Black-Veldtrup, Landesarchiv NRW Münster.
7 Börsting/Schröer, Bistum Münster, 1942, 159. Seit 1347 war Erpho, obwohl nicht heilig gesprochen, ein Altar geweiht. Vgl. Lisch, Erpho, 1858, 9.
8 Lisch, Erpho, 1858, 8. Kohl vermutet, das Kreuz könne auch zur Weihe des Doms 1090 in Auftrag gegeben worden sein. Kohl, 2003, 155.
9 Zuletzt Kempkens, Kirchenschätze, 2005, 148, Goldene Pracht 2012, 151. Aus stilistischen Gründen wurde in älterer Forschung vermutet, daß die Vorderseite wiederverwendet wurde und rund 40 Jahre früher zu datieren sei. Vgl. Westermann-Angerhausen, 1973, 183–187.
10 Nach der Legende hatte dieser sein Grab auf Golgotha und wurde somit als erster durch das Blut von Christis Opfertod erlöst.
11 Ch. Müller, Goldene Pracht, 2012, 114.
12 Goldene Pracht, 2012, 151.
13 Ebda.
14 Essen, Münsterschatz; Kolumba Köln, Dort sind mit Inschriften die Dargestellten als Bischof Herimann und seine Schwester Ida ausgewiesen. Ebenso Borghorster Kreuz, Steinfurt-Borghorst, Pfarrei St. Nikomedes.
15 Lobbedey beschreibt sie als zwei männliche Figuren, Lobbedey, St. Mauritz, 1987, 25.
16 Kohl weist auf die Edelleute von Steinfurt als Förderer des Stifts hin, auch gab es enge Beziehungen zum Kaiser Heinrich IV. vgl. Kohl, St, Mauritz, 2006, 32.
17 Siehe Anm. 1. Neben dem Wirken für St. Mauritz gründete Bischof Burchard aus eigenen Mitteln das Kollegiatstift Alter Dom, das sich unmittelbar neben dem Dom befand. Vgl. Hengst, Klosterbuch,1993, 45.
18 Bösterling-Röttgermann, Kollegiatstift, 1990.
19 Richter Prologema, 1905, 12–40. Kohl Kollegiatstift, 2006, 183
20 Die romanische Stiftskirche St. Vitus in Hochelten blieb erhalten (Elten, Kreis Kleve). Lit.: Damberg, Muschiol, Bistum Münster 2005. Küppers-Braun, Frauen im Damenstift Essen 1997.
21 Geisberg, Münster. Bd. 6. 1941. 54–91. Die Forschungen Geisbergs sind Grundlage dieses Buches. Sie werden nur noch in Ausnahme einzeln erwähnt. Reinke, Klosterkirchen, 2004, 223–238.
22 Patronatsbauten, Baudenkmäler in Nordrhein-Westfalen 1991. 172–174. Das Pfarrhaus ist ebenfalls teilweise unter Patronat.
23 Schroers, Aumüller. 1956.
24 An den Gründer des Ordens Franz Michelis erinnert eine Gedenktafel in der Erphokapelle. Er war im Kirchspiel St. Mauritz 1813 geboren worden und starb als Professor im Priesterseminar in Luxemburg.
25 Ein Teil des Gebietes stammt aus der Pfarre der St. Lambertikirche.
26 Innen und Aussen, Kirchen in Münster. 1993.
27 Der Bericht ist übersetzt publiziert von Uwe Lobbedey in Lobbedey, Grab, 1970, 254–255.
28 Vgl. Ornamenta ecclesiae, I, 1985,452. Vgl. auch zum Miniaturkelch aus dem Grab des Erzbischofs Poppo von Trier (1016–1047) ebda.
29 Lobbedey, Anm. 2.
30 Der ihm folgende spätgotische Lettner stand an der gleichen Stelle zwischen Chor und Kirchenschiff.
31 Das romanische Würfelkapitell war in St. Michaelis in Hildesheim 1010–1022 in seiner klassischen Ausprägung geschaffen worden. Die Gründung und das Kunstschaffen Bischof Bernwards im damaligen Zentrum des alten Sachsens hat ohne Zweifel auch die Stiftsgründung in Münster beeinflusst. Lutz, Michaeliskirche 2010.
32 Kosch, Essen und Werden 2010. Die ehemalige Kirche des Damenstiftes erhielt den erhaltenen Turmbau (Westwerk) um 1000.
33 Lechtreck, Kirchen. In: Grote, Karrenbrock, Kirchenschätze 2005. 35–37. Hier ist die Verbindung zu Speyer erläutert. Stamer, Speyerer Dom 1961. Reidinger, Gründung Speyerer Dom 2014.
34 Winterfeld, Baugeschichte. In: Die Salier. Ausstellungskat. 2011. 193f.
35 Uwe Lobbedey, Frühe Wölbungsbauten. In: Baukunst. Festschrift Kubach 1988.
36 Der Verzicht auf eine Krypta unter dem Chor in Münster ist ungewöhnlich für Stiftskirchen. Bei den Klosterkirchen der Prämonstratenser und Zisterzienser werden dann aber im 12. Jahrhundert keine Krypten mehr angelegt.
37 Ludorff, Bau- und Kunstdenkmäler, Keis Coesfeld, 23 u. Taf. 9.
38 Jászai, Werke des Mittelalters 1976. Jászai, Reliefs. In: Imagination des Unsichtbaren. Bd.1. 1993. Marx, Heiligenreliefs. In: Wittekind, Romanik. 2009. Marx, Kunstwerk, 2015. Meier, Skulpturen 1914. Meier, Reliefs, 1914. Poeschke, Mittelalterliche Kirchen 1993. S. 94ff. Wesenberg, Mittelalterliche Bildwerke 1972. Hellbrügge, Restaurierungsbericht Turmreliefs 2006.
39 Der Eulenturm, Rest einer verlorenen Doppelturmfassade hat keine stilistisch vergleichbaren Details.
40 Die Gesten einiger Frauen finden sich an etwas späteren Heiliggrabdarstellungen, isoliert in einer Reihe von Heiligen sind sie jedoch nicht zu finden.
41 Ornamenta ecclesiae. Ausstellungskat. Köln 1985. S. 15–18. Otto der Grosse, Magdeburg und Europa. Ausstellungskat. Bd. I. 2001. 320, 321. Elfenbeinreliefs vom Gebetbuch Kaiser Heinrich II. und Kunigunde, Ende 10. Jahrhundert.
42 Alte ev. Kirche in Wunstorf-Idensen. Böker, Architektur und Ausmalungsprogramm einer Hofkapelle 1995.
43 Die zentralen biblischen Bildinhalte sind hier auf die Mitte konzentriert und auf die Gewölbeflächen und in die Apsis gemalt, auf den Seitenwänden sind, diesen untergeordnet, Heilige dargestellt.
44 Die 1689 zerstörten Giebel des Domes wurden 1965 rekonstruiert. Auch der nur wenig jüngere Ostchor des Doms zu Mainz weist diese Giebelgestaltung auf.
45 Wittekind, Geschichte der bildenden Kunst. Band 2, Romanik 2009. In Regensburg gibt es sowohl mit Heiligenfiguren ausgemalte Nischen als auch Nischenreliefs. Weitere des späten 10. Jahrhunderts gab es am Immunitätstor des Domes von Xanten. Nach ihrer Kriegszerstörung sind sie modern nachgeschaffen worden. Auch sie sind stilistisch nicht mit den Mauritzreliefs verwandt. Sie zeigen aber, dass wir in dieser Epoche mit einem häufigeren Vorkommen solcher Reliefs auch außen rechnen können.
46 PML, New York, M. 759. http://corsair.themorgan.org/vwebv/holdingsInfo?searchId=8&recCount=50&recPointer=2&bibId=334469. Lübke, mittelalterliche Kunst Westfalens, 1853, 404. Geisberg, 1941, 72.

Bösterling-Röttgermann, 1990, 3, Kohl, 2013, 14.

47 Das Lektionar ist aber nicht speziell für das Stift St. Mauritz angefertigt worden, da Mauritius im Kalendarium nicht besonders hervorgehoben ist und auch die für Münster wichtige Heilige wie Luidger und Bonifatius fehlen.

48 Tegeder beschreibt 1492 in seinem liber rubeus auf f. 66v das Lektionar als „ex libro altero Evangeliorum (saec. XI conscript.) quo in solemnibus festis in summa altari reposito vtitur Ecclesia colleg. S. Mauritii fideliter transcripta"

49 Goldschmidt, Elfenbeinskulpturen , IV, 14 (Tafel 8) vgl. Needham, bookbindings, 1979, 54.

50 Vgl. Kölner Schatzbaukasten, 1997, 8.

51 Pfarrbrief, Ostern 1996, 22-25.

52 Eine Spolie dieses Gesimses ist links neben der Orgel in die Turmwand eingemauert.

53 Lobbedey, Neubau des Langhauses. In: Frese, St. Mauritius. Festschrift. Münster 1995. 197f. Man hatte die Gewölbe, vielleicht um 1550, mit Holzkeilen gesichert und mit Eisenbändern im Dachstuhl aufgehängt, aber diese Reparaturen hatten ihre Standfestigkeit verloren. Auch das Gewölbe im 5/8 Chorschluss war so geflickt worden und stürzte während der Bauarbeiten ein.

54 Bei den Instandsetzungen fand man noch Reste von Farbe an den Laternenpfosten. Vermutlich war es Weiß, was hierzulande und in den Niederlanden meist zur Anwendung kam.

55 Die heutigen Glocken sind von der Glockengiesserei Feldmann & Marschel, Münster 1958 gegossen und 1959 bezahlt worden.

56 Der heutige Zugang wurde nach dem Bau der Seitenvorhalle im 20. Jahrhundert gestaltet.

57 Grote, Dom zu Münster 2014.

58 Braunfels, Klosterbaukunst 1978.

59 Das romanische Fenster ist schon in der Stiftszeit mit Backstein vermauert worden. Malerisch ist eine Sandsteinplatte auf die Spitze gestellt. Die vier verfüllten Punkte zeigen, dass hier Dübel mit Blei vergossen waren. Der große Bogenabschluß oben ist der Rand eines abgebrochenen Gewölbes.

60 Zum Memorialwesen siehe Poeck, Goldene Pracht, 2012, 40–49.

61 Geisberg, Bau- und Kunstdenkmäler 1941, 69. Kohl, Kollegiatstift, 2006, S. 89. Weil viele Stiftskanoniker auch Ämter in anderen geistlichen Institutionen innehatten, aus denen sie Praebenden erzielten, konnte es sein, daß der Verstorbene an einem anderen geistlichen Ort bestattet war, im Stift St. Mauritz aber seiner Memorie mit einem Epitaph gedacht wurde.

62 Geisberg nennt 1941 neben den beiden Grabmälern der Gründungsbischöfe Friedrich und Erpho noch 36 Epitaphien, von deren Existenz man in den schriftlichen Quellen des Stifts lesen kann. Hundert Jahre später kann Geisberg allerdings nur noch elf solcher Gedenkplatten aufzählen. Zwei davon sind schon im 19. Jahrhundert in die Kirche gelangt, wo sie in der Erphokapelle zu Altarbildern umfunktioniert wurden. Weitere hat man nach der grundlegenden Überholung des Kircheninneren nach dem 2. Weltkrieg ins Innere geholt, allerdings waren viele der Sandsteinreliefs und Inschriftentafeln da bereits in einem bedauernswerten Zustand.

63 Geisberg, Bau- und Kunstdenkmäler, 1941, 69. Dobelmann, Münster – St. Mauritz, 1970, 137.

64 17 verlorene Inschriften von Mauritzer Epitaphien sind in einem, um 1650 entstandenen Manuskript „Epitaphia in Ecclesiis Monasteriensibus" erhalten, die W. Kohl im Bestand des Jesuitenkollegs Münster fand und 2013 publizierte. Siehe Kohl: Epitaphien, 2013. Die Oldenburger Handschrift, die Geisberg zitiert, in der ebenfalls einige Inschriftentexte kopiert sind, siehe Niedersächsisches Landesarchiv, Staatsarchiv Oldenburg, 271–12, Nr. 1. = „Epythaphia, gesammelt von wey(land) Pastor Trenkamp". Siehe demnächst König, Olga: Die Inschriften der Stadt Münster. Editionsreihe: Die deutschen Inschriften des Mittelalters und der frühen Neuzeit. Hg. von der Akademie der Wissenschaften und der Künste NRW.

65 So der Fall mit den sechs Sandsteinreliefs, die im Wirtschaftsgebäude von Schloß Havixbeck in den 1930er Jahren gefunden wurden. Vgl. ten Hompel, Kreuzweg, 1934, ebenso die Sandsteinplatten des Krapendorfer Altars von St. Andreas Krapendorf, jetzt Landesmuseum für Kunst und Kulturgeschichte Oldenburg.

66 Diese Beobachtung äußerte Franz Mühlen vgl. Mühlen 1970, 279. Die Reste der Taube sind noch in Fragmenten zu erkennen.

67 Vgl. Lampen, Brabender, 2005, 23.

68 Karrenbrock, Westfälische Steinskulptur, 1992, 210–221. Karrenbrock Blanckebiel, 2011, 31.

69 BAM, PfA St. Mauritz Hs. 184, Bösterling-Röttgermann, 1990, 172.

70 Nach Meinung von Karrenbrock läßt der Faltenwurf der Gewänder eine Orientierung an der Realität erkennen, die sich zuvor in Westfalen nirgends beobachten läßt. Vgl. Karrenbrock , Westfälische Steinskulptur, 1992, 252.

71 Karrenbrock, Westfälische Steinskulptur, 1992, 252f. Karrenbrock, Brabender, 2005, 77–80.

72 StAM -Reg. Münster – Akte 12647 Bericht des Bauinspektors (gez. Müser) vom 21.11.1831. Kohl, Epitaphien, 2013, 89.

73 1853 noch konnte Wilhelm Lübcke am Rand des steinernen Rahmens die Jahreszahl 1488 entdecken, die nach der Einmauerung des Reliefs in die Ostwand der Erphokapelle nun nicht mehr sichtbar ist., Auch die um 1650 getätigte Abschrift der Inschrift des Epitaphs, das sich im Kreuzgang befand, nennt, anders als die schriftliche Überlieferung zum Dechant Belholt als Todesjahr nicht 1489, sondern nennt 14.7.1488 als den Tag seines Todes. Im Memorienbuch sind für Johann Brouwerinck gen. Belholt, Dechant von St. Mauritz, gleich zwei Gedenktage, 9. März und 14. Juli, angegeben, an denen man mit feierlichen Zeremonien seiner Seele dachte.

74 Karrenbrock, Evert van Roden, 1992, 64–80. Ebenso Karrenbrock, Brabender, 2005, 89-94.

75 In dem steinernen Altarbild des Bürgermeister Brömsen in der Lübecker Jacobikirche, das er kurz nach den Arbeiten an dem Mauritzer Epitaph in Angriff nahm, setzt er das Motiv in der Gruppe um die heilige Veronika ebenfalls ein. Vgl. Karrenbrock, Brabender, 2005, 89.

76 Jászai Mittelalterliche Kunst, 1993, 362.

77 Hellbrügge, Christoph, Untersuchungsbericht Münster St. Mauritz S. 51.

78 Kirchhoff, Lebensspuren, 1996, 37. Kohl, Kollegiatstift, 2006, 358. Sein Grabmal befindet sich in der St. Nikolauskirche in Wolbeck.

79 Vgl. Backmann, Brabender, 2005, 26.

80 Epking, Brabender,. 2005.

81 Kohl, Kollegiatsstift, 2005, 358.

82 Geisberg hat das Symbol als Marke von Johann Brabender identifiziert, der schon anderorts mit dieser Marke, allerdings spiegelverkehrt, seine Werke signierte. Geisberg, Bau- und Kunstdenkmäler V, 1937, 283.

83 Viele Aufträge Brabenders galten der Erneuerung der beschädigten Bildwerke und erklären manchen Rückgriff auf den spätgotischen Formenkanon in seinem Werk, da die Auftraggeber sich die Bildwerke so wünschten, wie sie vor der Zerstörung ausgesehen hatten. Vgl. Brabender, 2005.

84 Zu den Siegeln, siehe Westfälische Siegel 1882, III, Tf. 108. Dieses sog. Siegel ad causas (Geschäftssiegel für laufende Geschäfte) war noch lange in Gebrauch wie an einem Pachtvertrag von 26 Februar 1457 zu erkennen, zwischen dem Stift und einem Kanoniker vom Stift Cappenberg, der ein Mauritzer Grundstück in Coerde zum Bau einer Windmühle nutzte. LAV NRW W, B 208u Stift Cappenberg – Urkunden, Nr. 171.

85 Horstmann, Hans, Ikonographie, 1970, 233 Eine ähnliche Herkunft haben wohl auch die heraldischen Bilder des Heiligen Cornelius, der das Horn (lat. Cornu) trägt.

86 Imagination des Unsichtbaren, 1993, 470.

87 Der weitverbreitete Chorschlusstyp zitiert mit dem Achteck einen Zentralbau, der, vergleichbar der Grabeskirche in Jerusalem auf Christus in seiner Königsherrschaft weist.

88 Siehe Anm. 31.

89 Zum Vergleich sind im Müsterland der nach den Wiedertäuferzerstörungen erneuerte Lettner im Dom zu Münster vor seinem Abbruch 1870 zu nennen und der in der Großen Kirche von Burgsteinfurt. Lit.: Schmelzer. Lettner 2004.

90 „Hunc ubi dat lympham manibus caliq(ue) sacerdos Urina pudeat contaminasse locum" aus: LAV NRW W, Studienfonds Münster, Jesuitenkolleg Münster, Akten Nr. 5466, 81. Für den Hinweis und die Übersetzung danke ich Olga König, Universität Bonn, Arbeitsstelle Inschriften, Editionsprojekt der Nordrhein-Westfälischen Akademie der Wissenschaften und der Künste.

91 Siehe Dobelmann, Münster – St. Mauritz, 1970, 134.

92 siehe Marx, Goldene Pracht, 2012, 375f.

93 siehe Kempkens, Goldene Pracht, 2012, 316f.

94 Geisberg, Bau- und Kunstdenkmäler VI, 1941, 82.

95 Geisberg, Bau- und Kunstdenkmäler VI, 1941, 82 . Heppe 1977, 464.

96 Althoff, Goldene Pracht, 2012, 24.

97 Kempkens, Kirchenschätze, 2005, 152, Goldene Pracht, 2012, 270f.

98 Geisberg, Bau- und Kunstdenkmäler VI, 1941, 84. Kempkens, Kirchenschätze 2005, 150.

99 Ebda. Zuerst Nissen, Reliquienfiguren, 1931.

100 Eine weitere, größer Mantelschließe mit der Darstellung des geharnischten Heiligen wurde im Barock umgearbeitet zu einem Ostensorium (einem einer Monstranz ähnlichem Schaugefäß, üblicherweise mit einem Reliquienbehältnis im Zentrum) ist sehr viel jünger und wird von der Forschung einer Werkstatt in Münster zugeordnet, die im Gießverfahren derartige Mantelschließen auf Bestellung erstellte. Vgl. Goldene Pracht, 2012, 364.

101 In den Stiftsunterlagen finden sich Hinweise auf weitere Reparaturen in den Jahren 1638 und 1723. Siehe Goldene Pracht, 2012, 266f.

102 Chronik 1 1859–1950, s. 167, Zu diesem Zweck wurde er von dem Goldschmied Rasmus Bruun vom Spiegelturm beim Dom renoviert.

103 Geisberg, Bau- und Kunstdenkmäler VI, 1941, 85.

104 Ein erhaltenes Inventar von 1636 unterrichtet uns über eine Vielzahl an Stiftungen von Meßgewändern, die in der Sakristei untergebracht waren. LAV Münster, Stift St. Mauritz B227.

105 Zur Verwendung liturgischen Objekten während der Gottesdienste s. Bärsch, Goldene Pracht, 2012, 63.

106 Braun, Handbuch, 1912, 118f.

107 Dobelmann, Münster – St. Mauritz, 1970. Das Stift hatte über Jahrhunderte auch enge Bindungen zum Armenhaus St. Antonii, das auf Stiftsgrund vor dem Hörstertor lag und dessen benachbarte Antoniuskapelle von den Mauritzer Kanonikern betreut wurde. 1806 wurde das Armenhaus abgerissen und die Kapelle aufgegeben. Vielleicht gelangt die Tafel in dem Zusammenhang in die Mauritzkirche. S. zum Armenhaus Kohl, Kollegiatstift, 2006, 138ff.

108 ten Hompel Kreuzweg, 1934.

109 Ohne gesicherte Identifizierung des Meisters als Lüdeke Brabender bezeichnet Karrenbrock die Werkstatt als Meister der steinernen Kreuzwege. Insgesamt existieren 23 quadratische flach gemuldete Reliefs, vom denen noch eines die ursprüngliche Farbigkeit besitzt. Vgl. Karrenbrock, Brabender, 2005, 95ff.

110 Vgl. Karrenbrock, 1992, Evert zu Roden, 63.

111 Der Bildhauer Heinrich Kirchner aus Münster hat die Nachbildung angefertigt. Er war auch wiederholt als Restaurator in Mauritz tätig.

112 Karrenbrock, Westfälische Steinskulptur, Unna 1992, 310; auch die aus Holz gearbeitete Madonna in der Cosmas und Damian Kirche in Horstmar-Leer gehört in diesen Werkstattzusammenhang.

113 Rommé, Holzsichtigkeit, 1996.

114 Abgedruckt in Lorenz, tom Ring, 1996, Bd. II, 549.

115 Da die Inschriftentafel 1951 vor der Restaurierung durch Ernst Bahn kaum zu entziffern war, schloss Geisberg vom hl. Petrus fälschlicherweise als Namenspatron auf einen Kanoniker Peter Bischopink. Vgl. Geisberg 1941, VI, 79.

116 Auf Gottes Geheiß hatte Moses, nachdem das Volk Israel von einer Giftplage heimgesucht wurde, eine eiserne Schlange an einem Stab befestigt. Alle, die von einer Giftschlange gebissen worden waren, wurden bei ihrem Anblick geheilt. Schon der Evangelist Johannes hatte die Kreuzigung Christi mit diesem alttestamentarischen Ereignis in Bezug gesetzt (Joh. 3,14 „so wie Mose in der Wüste die Schlange erhöhte, so muss der Menschen Sohn erhöht werden").

117 Strohmann, Kalvarienberg, 1995.

118 Ebda., 230.

119 Klauser, Liturgiegeschichte 1965.

120 Niemer, Pictorius 2002. Sicherlich ist Gottfried Laurenz (1673-1729) der Meister hier. Er ist vor Schlaun einer der bedeutendsten hiesigen Barockbaumeister und arbeitete wie sein Bruder Peter im Bistum Münster.

121 Lahrkamp 1982, 50f. Galen, Jan Boekhorst, 2012, 218ff. dort aktueller Forschungsstand.

122 Lahrkamp 1982, 11; siehe auch Hengst, Schmitt: Kalandsbruderschaften ... 2000, und Jakobi: ‚Der Große Kaland', 2002, 30–47.

123 Geisberg, Bau- und Kunstdenkmäler, 1941, VI, 74.

124 Ebda. Rechnungen lassen erkennen, dass dieser eine imposante Holzarchitektur besessen haben muss, in dessen Zentrum das ca. 193 x 260 cm große Gemälde stand.

125 Die ersten sind schon im Jahr 1722 belegt. Vgl. Restaurierungsbericht von Maria Schlüter, 2009.

126 Ein Vorbild für den Lichteinfall von der rechten Seite mag das große Altarbild von Peter Paul Rubens in der Antwerpener Liebfrauenkathedrale gewesen sein, wo die Szene der Kreuzaufrichtung ähnlich dominant von rechts erleuchtet wird.

127 Büscher, Pfarrbrief 2003; Kirchenschätze 2005, Bd. II, 210.

128 Der Hohepriester Melchisedek hatte anstelle der üblichen Opfergabe aus Fleisch wie nach ihm Christus Brot und Wein gewählt und das Stabwunder des gesalbten alttestamentarischen Priesters Aaron mit dem grünenden Mandelzweig weist ebenso auf den Erlösertod hin. Der Stab ist hier verloren.

129 „Immunitas Sancti Mauritii" = Immunität (des Stiftes) vom Heiligen Mauritius.

130 Ferdinand Benedikt Freiherr von Galen, ein Neffe des Bischof Christoph Bernhards, war von 1702 bis zu seinem Tod 1727 hier Propst. Er stiftete auch die noch erhaltenen sechs silbernen Altarleuchter.

131 Schoneberg, Pfarrhaus 2011. Nach der Stiftsaufhebung war das Haus für wenige Jahre im Besitz der bekannten Familie Schücking.

132 Johann Wilhelm Oidtmann (1712–1789) stammte aus Köln und war Kanoniker und Cellerar im Mauritzstift.

133 Johann Conrad Schlaun, Spätbarock. Ausstellungskat. 1995. 663.

134 Geisberg 1935, Münster Bd. 4, 49–50. Kirchstrasse 65. Heute Stiftstr. 15.

135 Geisberg 1935, Münster Bd. 4, 179–180. Kirchstrasse 65. Ludwig Humborg, Bauten von Johann Conrad Schlaun in Münster und am Rande der Stadt. Westfälische Nachrichten Nr. 55. Sa 6. 3. 1971. Ein Gartenhaus von Schlaun steht noch

in Münster, Josefstraße 2. Es wurde 1749 erbaut und 1911 hierher versetzt.

136 Ecke Warendorfer Str., Hohenzollernring.

137 Siehe Anmerkung 37.

138 Pohlmann, Schulte, Wegemale und Kapellen (1988). 94–95. Johannes von Nepomuk. Ausstellungskat. 1973.

139 Tschechisch: Nepomuk.

140 Siehe Anmerkung 53.

141 Aus der Feder des Berliner Architekten Friedrich August Stüler gibt es eine Empfehlung für einen Neubau des Langhauses in Basilikaform oder als Hallenkirche. Vgl. Lobbedey, 1970, 200f.

142 Vormweg, Neugotik im westfälischen Kirchenbau 2013.

143 Lobbedey 1995, 205f.

144 Die Bauform der Basilika hat ein über die Seitenschiffe erhöhtes Mittelschiff, welches durch eigene Fenster beleuchtet wird. Im Inneren öffnet sich das Mittelschiff durch Arkaden auf Pfeilern oder Säulen zu den Seitenschiffen.

145 Die Verschmelzung verschiedener historischer Stile zu einem neuen Ganzen nennt man im 19. Jahrhundert Eklektizismus.

146 Siehe Anmerkung 31. 216–217.

147 Rogacki-Thiemann, Magdeburger Dom 2007. 116.

148 Heimeshoff, Emil von Manger. 1982.

149 Ausführlich dazu Kaiser-Strohmann, Madonna, 1995.

150 Beide Werke aus Marmor wurden im zweiten Weltkrieg zerstört , sodaß heute nur noch die Madonna der Mauritzkirche ein Beispiel für das hohe Können dieses Künstlers ist.

151 Heute im Besitz des Stadtmuseums Münster.

152 Kaiser-Strohmann, Madonna, 1995, 258.

153 Beike, Wallenhorst, Mauritz-Orgel. In: Frese, St. Mauritius. Festschrift 1995. S. 261-265. Reuter, Historische Orgeln in Westfalen-Lippe 2006.

154 Ribbrock, August und Wilhelm Rincklake 1985.

155 Bucken, Malerin Maria Anna Wagener (vor 2019). Marianne Wagener war selbst in Mauritz beheimatet und lebte noch 1927 hochbetagt im Altersheim Maria Trost.

156 Das Material ist Zinkblech. Klingende Pfeifen werden dagegen allgemein aus Zinnlegierungen gearbeitet.

157 Heinrich Krempel, Glocken. In: Frese, St. Mauritius. Festschrift 1995. 267–274.

158 Reinke, Turmuhrzifferblätter, 1984.

159 J. H. Schröer, Bernard Vortmann 2007. Die Firma wurde 1851 gegründet.

160 Am 1.2. 1946 wurde als erste Maßnahmen zur Beseitigung der Kriegszerstörung von der Gbr. Jungglas Fenster (Bleiverglasung eingesetzt. Im Okt. 1948 folgten die drei Ornamentfenster im Chorschluß.

161 Da die Mensa unberührt blieb, mußte dieser nicht neu konsekriert werden.

162 1962 wurde ihm die Restaurierung des Erphokreuzes anvertraut.

163 Maria-Königin in Saarbrücken 1954–59, Heilig Kreuz Bottrop 1955–57, St. Michael in Wuppertal 1958-60.

164 Teile des neogotischen Chorgestühls fanden im Pfarrjugendheim als Theke Verwendung, andere wurden in einer Gastwirtschaft in Handorf weitergenutzt.

165 Westfälische Nachrichten Nr. 81, April 1952.

166 Man stellte fest, dass für die Seitenaltäre romanische Spolien verwendet worden waren. Siehe Artikel „St. Mauritz von der inneren Einrüstung befreit“ aus: Westfälische Nachrichten vom 9.8.1952.

167 Er passt vor den alten Hochaltar mit seiner Länge von 5,27 m. Seine Breite ist 2,39 m. Alle Bildmotive sind in Richtung zum Altar ausgerichtet.

168 Bäumer, Scheffczyk, Marienlexikon. Bd. 4. 1992.

169 Kreitmaier, Beuroner Kunst 1914.

170 Den Impuls dazu gab Pastor Wolfgang Spindelmann, der auch in Diskussion mit Lotte Bach und den Stickerinnen, namentlich Anneliese Büscher das Bildprogramm anregte.

171 Zum Werk von Lotte Bach siehe Heitmeyer-Löns, Lotte Bach, 1992.

172 Engelmaier, Westfälische Hungertücher, 1961, Suntrup, Die westfälischen Hungertücher aus nachmittelalterlicher Zeit, 2004;

173 Zur Deutung der Bildmotive ausführl. Ostendorf, Fastentuch, 1995, 290–291.

174 Binding, Günther: Die Bedeutung von Licht und Farbe für den mittelalterlichen Kirchenbau. Regensburg 2003.

175 Eine Würdigung von Hinses Werk siehe Kronenberger-Hüffer, Kreuz, 2007, 15–29.

176 Begleitend zur Ausstellung siehe: Nitsche, Kreuz mit dem Kreuz, 2007.

177 Brief W. Sunder-Plassmann an Pfarrer August Binkhoff vom 21.4.1908.

178 Alte Friedhöfe in Münster. Ausstellungskat. 1987. Dethleffs, Friedhöfe. In: Frese, St. Mauritus. Festschrift 1995. 87f.

Anhang

Grundlegende Literatur zur Kirche und Stift St. Mauritz in Münster und ihren Werken

Quellen

LAV Münster
MSC I 69 = liber rubeus (Stiftskopiar von Sankt Mauritz). Zusammengest. von Bernhard Tegeder 1492–1500

Literatur

Beike, Bernhard, Ansgar Wallenhorst, Die Mauritz-Orgel aus dem Jahre 1882 und ihre Geschichte. In: Werner Frese (Hg.), Von St Mauritius und seiner Gesellschaft. Festschrift Münster 1995

Bösterling-Röttgermann, Antonia: Das Kollegiatstift St. Mauritz-Münster, (Westfalia sacra 9). Münster 1990

Börsting, Heinrich u. Alois Schröer: Handbuch des Bistums Münster, Band I, Münster 1946

Darpe, F: Die Heberegister des Klosters Überwasser und des Stiftes St. Mauritz = Codes traditionum Westfalicarum Bd III, Münster 1888

Dobelmann, Werner: Münster-St. Mauritz, Ursprung und Werdegang eines Stadtgebiets und seines Vorlandes. In: St. Mauritz Münster Westfalen. Neun Jahrhunderte, Hg. v. Pfarramt St. Mauritz, Münster 1970, 1–225

Geisberg, Max: Bau- und Kunstdenkmäler von Westfalen. 41. Band: Die Stadt Münster. 6 (1941): Die Kirchen und Kapellen der Stadt ausser dem Dom, Münster 1941, 54–91

Herkt, Mathias: Münster – Kollegiatstift St. Mauritz. In .Westfälisches Klosterbuch. Bd. 2, hg. v. Karl Hengst, Münster 1994, 39–45

Horstmann, Hans: Zur Ikonographie des hl. Mauritius und des St. Mauritz-Stiftes in Münster. In: St. Mauritz Münster Westfalen. Neun Jahrhunderte, Pfarramt Sankt Mauritz (Hg.), Münster 1970, 226–235.

Innen und Aussen. Kirchen in Münster. Arbeitsgemeinschaften christlicher Kirchen (Hg.), Münster 1993

Jászai, Géza: Werke des frühen und hohen Mittelalters. Westfälisches Landesmuseum für Kunst- und Kulturgeschichte. Münster 1976

Jászai, Géza, Drei Reliefs aus der St. Mauritz-Stiftskirche zu Münster. In: Imagination des Unsichtbaren. Bd.1. Ausstellungskatalog Münster 1993.

Kaiser-Strohmann, Dagmar: Die nazarenischen Madonna von Th. Wilhelm Achtermann. In: Von Sankt Mauritius und seiner Gesellschaft. Festschrift zur 150jährigen Neubegründung der Pfarre St. Mauritz in Münster. Hg. von Werner Frese, Münster 1995, 251–260

Kohl, Wilhelm: Das Kollegiatstift St. Mauritz vor Münster (Germania Sacra. Neue Folge 47/ Die Bistümer der Kirchenprovinz Köln. Das Bistum Münster 9.) Göttingen 2006

Krempel, Heinrich: Die Glocken der St. Mauritzkirche. In: Werner Frese, Von St. Mauritius und seiner Gesellschaft. Festschrift Münster 1995

Lahrkamp, Helmut: Das Mauritius-Patrozinium. In: St. Mauritz Münster Westfalen. Neun Jahrhunderte, Hg. v. Pfarramt St. Mauritz, Münster 1970, XXIV–XXVI

Lechtreck, Hans-Jürgen: Kirchen. In: Udo Grote, Reinhard Karrenbrock (Hg.), Kirchenschätze, 1200 Jahre Bistum Münster. Bd. 1. Münster 2005

Lobbedey, Uwe: Das Grab des Gründerbischofs Friedrich I. 1084/1576/1970. In: St. Mauritz Münster Westfalen. Neun Jahrhunderte, Hg. v. Pfarramt St. Mauritz, Münster 1970, 253–259

Lobbedey Hildburg und Uwe: St. Mauritz in Münster. Westf. Kunststätten. Heft 48. Münster 1987

Lobbedey, Uwe: Die Kirchenbauten des Mittelalters im Bistum Münster. In: Imagination des Unsichtbaren. 1200 Jahre Bildende Kunst im Bistum Münster. Bd. 1, Münster 1993, 172–213

Lobbedey, Der Neubau des Langhauses der St. Mauritz-Kirche von 1859/60. In: Von Sankt Mauritius und seiner Gesellschaft. Festschrift zur 150jährigen Neubegründung der Pfarre St. Mauritz in Münster. Hg. von Werner Frese, Münster 1995, 197–226
Marx, Petra: Münster. St. Mauritz. Drei Heiligenreliefs. In: Susanne Wittekind (Hrsg.). Romanik. Geschichte der bildenden Kunst in Deutschland. Bd. 2. München 2009.

Marx, Petra: Figürliche Reliefs aus der St. Mauritzkirche in Münster. Das Kunstwerk des Monats, Mai 2015 LWL Museum für Kunst und Kultur Westfälisches Landesmuseum, Münster 2015

Meier, Burkhard: Die Reliefs in der Mauritzkirche in Münster. In: Westfalen, 6, Münster 1914

Mühlen, Franz: Die Kirche des hl. Mauritius. Das Baudenkmal als Spiegel der Pfarrgeschichte. In: St. Mauritz Münster Westfalen. Neun Jahrhunderte, Hg. v. Pfarramt St. Mauritz, Münster 1970, 260–284

Nissen, Rudolf: Zwei westfälische Reliquienfiguren aus Silber. In; Westfalen 16, 1931, 82ff.

Ostendorf, Thomas: Das Fastentuch von St. Mauritz. In: Von Sankt Mauritius und seiner Gesellschaft. Festschrift zur 150jährigen Neubegründung der Pfarre St. Mauritz in Münster. Hg. von Werner Frese, Münster 1995, 275–292

Patronatsbauten, Dokumentation der Baudenkmäler in Nordrhein-Westfalen. Ministerium für Stadtentwicklung und Verkehr. Düsseldorf 1991

Poeschke, Joachim und Thomas Weigel und Candida Syndikus : Mittelalterliche Kirchen in Münster. München 1993

Schroers, Heinrich. Bernard Aumüller. Der erste Pfarrer von St Mauritz bei Münster 1845 –1859. Münster 1956

St. Mauritz Münster Westfalen. Neun Jahrhunderte, Hg. v. Pfarramt St. Mauritz, Münster 1970

Strohmann, Dirk: Der Kalvarienberg des Gerhard Gröninger. Bedeutung-Geschichte-Erhaltung. In: Von Sankt Mauritius und seiner Gesellschaft. Festschrift zur 150jährigen Neubegründung der Pfarre St. Mauritz in Münster. Hg. von Werner Frese, Münster 1995, 227–240

Strohmann, Dirk: Das weiße Kreuz am Prozessionsweg. In: Festschrift zur 150jährigen Neubegründung der Pfarre St. Mauritz in Münster. Hg. von Werner Frese, Münster 1995, 241–50

Von Sankt Mauritius und seiner Gesellschaft. Festschrift zur 150jährigen Neubegründung der Pfarre St. Mauritz in Münster. Hg. von Werner Frese, Münster 1995

Wesenberg, Rudolf: Frühe mittelalterliche Bildwerke, Die Schulen rheinischer Skulptur und ihre Ausstrahlung. Düsseldorf 1972

Unveröffentlichte Schriften

Büscher, Angelika:
Kunstgegenstände aus dem Kirchenschatz von St. Mauritz. Das Erphokreuz. Pfarrbrief St. Mauritz Ostern 2002
Dies.:
Kunstgegenstände aus dem Kirchenschatz von St. Mauritz. Die Grabbeigaben aus dem Grab Friedrich I. von Wettin und ihr Fundort. Pfarrbrief St. Mauritz, Weihnachten 2002
Dies.:
Kunstgegenstände aus dem Kirchenschatz von St. Mauritz. Die Häufebecher. Pfarrbrief St. Mauritz, Ostern 2003
Dies. :
Kunstgegenstände aus dem Kirchenschatz von St. Mauritz. Der silberne Altaraufsatz – Prunkstück und Sorgenkind. Pfarrbrief St. Mauritz, Weihnachten 2003
Dies.:
Kunstgegenstände aus dem Kirchenschatz von St. Mauritz. Die Reliquienmasken von Heinrich Hertleiff. , Zwei kleine spätgotische Kronen. Pfarrbrief St. Mauritz, Ostern 2004
Dies.:
Kunstgegenstände aus dem Kirchenschatz von St. Mauritz. Das Siegel des Kapitels des Kollegiatstiftes von St. Mauritz. Pfarrbrief St. Mauritz, Ostern 2004
Dies.:
Kunstgegenstände aus dem Kirchenschatz von St. Mauritz. Das Weihrauchschiffchen des Hermann Decker. Pfarrbrief St. Mauritz, Weihnachten 2005

Leenen, Hans:
Auslagerungen unserer Kunstschätze im Kriegsjahr 1944
Pfarrbrief St. Mauritz, Weihnachten 1998, 7–8

Nennhoff, Franz und Birgit: Romanisches Elfenbein aus St. Mauritz in New York wiederentdeckt.
Pfarrbrief St. Mauritz, Ostern 1996 22–24

Schoneberg, Ingeborg:
Das Pfarrhaus auf St. Mauritz von 1758. Seine Geschichte als Kurie, Feudalsitz, Försterhaus, Schwesternheim, Pastorat. 15 Seiten, Juli 2011

Schlüter, Maria: Restaurierungsbericht zu Jan Bockhorsts Gemälde Kreuzigung Christi aus der Mauritzkirche in Münster. Everswinkel 2009

Hellbrügge, Christoph: Restaurierungsbericht zu den 12 Turmreliefs der Kirche St. Mauritz in Münster, Ascheberg 2006

Hellbrügge, Christoph: Untersuchungsbericht über die Arbeiten in der Erphokapelle nebst Inventar und den nordöstlichen Turmraum von St. Mauritz in Münster. November 2000

Allgemeine Literatur

Arnhold, Hermann (Hg.): Die Brabender. Skulptur am Übergang vom Spätmittelalter zur Renaissance. (Ausst.-Kat. 11.3.–28.8. 2005, LWL-Museum Münster) Münster 2005

Balzer, Manfred: Westfälische Bischöfe als Bauherren und Architekten, in: Bischöfliches Bauen im 11. Jahrhundert, München 2009, S. 109–136

Bäumer, Remigius, Scheffczyk, Leo (Hg.): Marienlexikon. Bd. 4. St. Ottilien 1992

Binding, Günther: Die Bedeutung von Licht und Farbe für den mittelalterlichen Kirchenbau. Regensburg 2003

Beckwith, J., Ivory Carvings in Early Medieval England (1972)

Böker, Hans Josef: Architektur und Ausmalungsprogramm einer romanischen Hofkapelle. Berlin 1995

Braun, Joseph: Handbuch der Paramentik. Freiburg (Breisgau) 1912

Braunfels, Wolfgang: Abendländische Klosterbaukunst. Köln 1978.

Bussmann, Klaus (Hg.): Johann Conrad Schlaun 1695–1773, Architektur des Spätbarock in Europa. (Ausstellung des Westf.-Landesmuseums für Kunst- und Kulturgeschichte, 7.5.–6.8.1995), Münster 1995

Damberg, Wilhelm u. Gisela Muschiol: Das Bistum Münster. Eine illustrierte Geschichte. Münster 2005

Epking, Simone: Johann Brabender – das Werk des westfälischen Bildhauers im Epochenumbruch. In: Die Brabender. Skulptur am Übergang vom Spätmittelalter zur Renaissance. Münster 2006, 55–73

Frese, Werner (Hg.): Von St. Mauritius und seiner Gesellschaft, Festschrift zur 150jährigen Neubegründung der Pfarre St. Mauritz in Münster. Münster 1995

Galen, Maria: Jan Boeckhorst. Gemälde und Zeichnungen, Hamburg 2012

Galen, Hans (Hg.) Alte Friedhöfe in Münster. Geschichte – Kunstgeschichte. (Ausstellung des Stadtmuseum Münster 1.10 – 24.12. 1987), Münster 1987

Geisberg, Max: Bau- und Kunstdenkmäler von Westfalen, Bd. 41: Stadt Münster, 5 (1937), Der Dom, Münster 1937

Goldene Pracht. Mittelalterliche Schatzkunst in Westfalen (Ausst.-Kat. 26.2.–28.5.2012, LWL-Museum Münster) München 2012

Goldschmidt, A., Die Elfenbeinskulpturen, IV (1926) Denkmäler der deutschen Kunst : Sektion 2, Abt. 4

Grote, Udo und Reinhard Karrenbrock (Hg.): Kirchenschätze. 1200 Jahre Bistum Münster. Münster 2005, Band I: Kirchen, Band II. Schätze

Gude Suckale-Redlefsen: *Mauritius. Der heilige Mohr. The Black Saint Maurice.* Schnell, München u. a. 1987

Hagemann, Karl: Schöne Kirchen im Münsterland. Münster 2001

Hartmann-Virnich, Andreas: Was ist Romanik? Geschichte, Formen und Technik des romanischen Kirchenbaus. Darmstadt 2004

Hengst, Karl und Michael Schmitt: Lob der brüderlichen Eintracht. Die Kalandsbruderschaften in Westfalen. 650 Jahre Kaland in Neuenheerse. Paderborn 2000

Heitmeyer-Löns, Sabine: Lotte Bach. Textiles Kunsthandwerk aus sechs Jahrzehnten. Vreden 1992

Heppe, Karl Bernd: Gotische Goldschmiedekunst in Westfalen vom zweiten Drittel des 13. bis zur Mitte des 16. Jahrhunderts. Diss. Münster 1977

Hülscher, Katharina: Das Statutenbuch des Stifts Xanten. Münster 2018

Imagination des Unsichtbaren. 1200 Jahre Bildende Kunst im Bistum Münster. (Ausstellung des Westf- Landesmuseums für Kunst- und Kulturgeschichte, 1.9.–10.11.1996), Münster 1993, 2 Bände

Jarnut, Jörg: Stefan Müller, Matthias Wemhoff (Hg.), Bischöfliches Bauen im 11. Jahrhundert. Mittelalterstudien Paderborn. München 2009

Jakobi, Franz-Josef: Der Große Kaland am Dom zu Münster. In: Der Große Kaland am Dom zu Münster Hrsg. von Josef Albers. Bearb. von Thomas Kortmann. Münster, 2002, S. 30–47

Jászai , Géza: Werke des frühen und hohen Mittelalters. Bildhefte des Westfälischen Landesmuseums für Kunst und Kulturgeschichte Nr. 2 Münster 1989

Jászai, Géza: Mittelalterliche Kunst (9.–16. Jahrhundert) – Werke und Werkstätten. In: Geschichte der Stadt Münster, 1993, Bd. 3, 341–366

Karrenbrock, Reinhard: Westfälische Steinskulptur des späten Mittelalters, (Ausstellung Ev. Stadtkirche Unna 3.10.–15.11. 1992), Hg. v. Kreis Unna, Bönen 1992, 210–221

Karrenbrock, Reinhard: Evert van Roden. Der Meister des Hochaltars der Osnabrücker Johanniskirche. Ein Beitrag zur westfälischen Skulptur der Spätgotik. Osnabrücker Geschichtsquellen und Forschungen XXXI, Osnabrück 1992

Karrenbrock, Reinhard: Einflüsse und Wechselwirkungen – die westfälische Steinskulptur der Zeit zwischen 1247 und 1560 und die Brabender. In: Die Brabender. Skulptur am Übergang vom Spätmittelalter zur Renaissance. Münster 2006, 77–80

Karrenbrock, Reinhard: Von Münster an den Niederrhein: Heinrich Blanckebiel, der Meister des Krapendorfer Altares In: Westfalen, 89, 2011, 25–31

Klauser, Theodor: Kleine Abendländische Liturgiegeschichte. Bonn 1965

Kohl, Wilhelm: Alte, verloren gegangene Epitaphien und andere kirchliche Inschriften in Münster und am Rhein. In: WZ, 163, 2013, 55–115, 88–95

Kohl, Wilhelm: Das Bistum Münster. Die Diözese (Germania sacra. Neue Folge 37/3. Die Bistümer der Kirchenprovinz Köln), Berlin 2003

Körner, Hans: Grabmonumente des Mittelalters, Darmstadt 1997

Kreitmaier S. J., Josef: Beuroner Kunst, Eine Ausdrucksform christlicher Mystik. Freiburg 1914.

Kronenberger-Hüffer, Dagmar: Der Künstler und sein Werk. In: Das Kreuz mit dem Kreuz. Arbeiten von Ludger Hinse. Hg. v. Hans Nitsche, Worms 2007, 15–29

Küppers-Braun, Ute: Frauen des hohen Adels im kaiserlich-freiweltlichen Damenstift Essen. Münster 1997

Lahrkamp, Helmut: Der „lange Jan". Leben und Werk des Barockmalers Johann Bockhorst aus Münster. In Westfalen, 60, 1982/1, 3–184

Lahrkamp, Helmut: Ergänzungen. In: Westfalen 63, 1985, 6–38

Lampen, Angelika: Eine Stadt an der Wende zur Neuzeit – Münster im Zeitalter der Familie Brabender. In: Die Brabender, 2005, 13– 23

Legner, Anton (Hg.): Ornamenta ecclesiae. Kunst und Künstler der Romanik. Ausstellung des Schnütgen-Museums in der Josef-Haubrich-Kunsthalle 1985, Köln 1985

Lisch, Georg Christian Friedrich: Der heilige Erpho von Mecklenburg, Bischof zu Münster. In: Jahrbücher des Vereins für Meckenburgische Geschichte und Altertumskunde, Bd. 23, 1858, 3–13

Lorenz, Angelika (Hg.): Die Maler tom Ring. (Ausstellung des Westf- Landesmuseums für Kunst- und Kulturgeschichte, 1.9.–10.11.1996) Münster 1996, 2 Bände

Ludorff, Albert (Hg.): Die Bau- und Kunstdenkmäler von Westfalen. Kreis Coesfeld. Münster 1913

Lübke, Wilhelm_: Die mittelalterliche Kunst in Westfalen. Nach den vorhandenen Denkmälern dargestellt. Leipzig 1853

Lübke, Wilhelm: Die mittelalterliche Kunst in Westfalen, Leipzig 1853

Lutz, Gerhard: Die Michaeliskirche in Hildesheim. Regensburg 2010

Miller, Markus: Kölner Schatzbaukasten. Die Große Kölner Beinschnitzerwerkstatt des 12. Jahrhunderts. Mainz 1997

Müller, Christiane: Die mittelalterliche Symbolik von Gold und Edelsteine. In: Goldene Pracht, 2012, 112–114

Niemer, Jörg: Gottfried Laurenz Pictorius. Dissertation Münster 2002

Niesert, Joseph: Münstersche Urkundensammlung, Coesfeld 1832, Bd. IV, 79–85

Nitsche Hans (Hg.): Das Kreuz mit dem Kreuz. Arbeiten von Ludger Hinse. Worms 2007

Needham, P.: Morgan Library, Twelve Centuries of bookbindings 400–1600, New York 1979

Pieper, Roland: Historische Klöster in Westfalen-Lippe. Kulturlandschaft Westfalen Bd. 7. Münster 2003

Poeck, Dietrich*: dechtnisse to ewigen tyden*. Zur Memoria im Mittelalterlichen Westfalen. In : Goldene Pracht. Mittelalterliche Schatzkunst in Westfalen (Ausst.-Kat. 26.2.–28.5.2012, LWL-Museum Münster) München 2012

Quast, Giselher. Mauritius im Marburge Dom. Marburger Domhefte 3, Wernigerode 2016

Reinke, Ulrich: Frühe Turmuhrzifferblätter in Westfalen und am Niederrhein, Die öffentliche Uhr am Ende des Mittelalters. In: Westfalen, 62, Münster 1984, 245–251

Reinke, Ulrich: Klosterkirchen in Westfalen. Ihr Schicksal nach der Säkularisation. In: Westfalen, 82, Münster 2004, 223–238

Rogacki-Thiemann, Birte: Der Magdeburger Dom, Beiträge zu seiner Baugeschichte 1207 bis 1567. Berliner Beiträge zur Bauforschung und Denkmalpflege 6. Petersberg 2007, 116

Reidinger, Edwin: 1027: Gründung des Speyerer Domes. Schriften des Diözesanarchivs Speyer. Bd. 46. Speyer 2014

Reuter Hannelore: Historische Orgeln in Westfalen-Lippe, Reisewege. Münster 2006

Ribbrock, Gerhard: August und Wilhelm Rincklake. Denkmalpflege und Forschung in Westfalen. Bd. 7. Bonn 1985

Richter, Johannes: Prolegomina zu einer Ausgabe des Palpanista Bernhards von der Geist. Melle 1905

Rommé, Barbara: Holzsichtigkeit und Fassung. Zwei nebeneinander bestehende Phänomene in der Skulptur des ausgehenden Mittelalters und der frühen Neuzeit. In: Gegen den Strom (Ausst.-Kat.). Aachen Suermondt-Ludwig-Museum, Berlin 1996, 97–118

Schaich, Anne: Mittelalterliche Sakristeien. Schlüsselgewalt und Kontrolle. In: Offen und Verborgen. Vorstellungen und Praktiken des Öffentlichen und Privatem in Mittelalter und Früher Neuzeit. Hg. v. Carolin Emmelius u.a., Göttingen 2003, 195–210

Schlaun, Johann Conrad, 1695–1773, Architektur des Spätbarock in Europa. Ausstellungskatalog Westf. Landesmuseum für Kunst und Kulturgeschichte. Münster 1995

Schmelzer, Monika: Der mittelalterliche Lettner. Petersberg 2004

Schmitt, Michael: Münster. Westfalia Picta. Bd. 8. Münster 2003

Schröer, Alois: Die Bischöfe von Münster. Das Bistum Münster Bd. I. Hrsg. Werner Thissen. Münster 1993

Schröer, Josef H.: Bernard Vortmann, ein Turmuhrbauer aus Recklinghausen. Bocholt 2007

Stamer, Ludwig (Hrsg.): 900 Jahre Speyerer Dom. Festschrift. Speyer 1961

Suntrup, Ruolf (Hg.): Die westfälischen Hungertücher aus nachmittelalterlicher Zeit und ihre liturgische Herkunft. Herausgabe der Dissertation von Johannes H. Erminghaus, Görlitz 2004

ten Hompel, August: Ein wiederentdeckter Kreuzweg des 16. Jahrhunderts. In: Westfalen 19, 1934, 361–364

Thurre, Daniel: L'atelier roman d'orfevreri de l'Abbage de Saint-Maurice d'Agaume. Genève 1992

Vormweg, Peter: Die Neugotik im westfälischen Kirchenbau von den ersten Gotizismen bis zum Kulturkampf. Lindenberg 2013

Westermann-Angerhausen, Hiltrud: Westfälische Goldkreuze und ihre Voraussetzungen in Rheinland und Niedersachsen.In: Rhein und Maas, 2, Köln 1973, 183–187

Die westfälischen Siegel des Mittelalters. Hg. vom Verein für Geschichte und Altertumskunde Westfalens, Münster 1882ff, Bd. III

Winterfeld, Dethard von: Die Baugeschichte des Speyerer Doms. In: Die Salier, Macht im Wandel. Ausstellungskatalog Historisches Museum der Pfalz. Bd. 2 (Essayband). Speyer 2011. 193 ff

Wittekind, Susanne (Hg.): Geschichte der bildenden Kunst in Deutschland. Bd. 2, Romanik. London 2009

Unveröffentlichte Schriften

Bucken Annette: Die Malerin Maria Antonia Wagener. Ungedrucktes Manuskript (vor 2019).

Bildnachweis

Ascheberg, Christoph Hellbrügge: Seiten 32, 33 (o.li), 128

Greven, Stephan Kube: Seiten 14, 15, 49 (re), 51

Havixbeck, Barbara von Hövel: Seite 128 (re)

Hannover, © HMTG/Lars Gerhardts: Seite 27

Köln, Erzbistum Köln/kath. Kirchengemeinde St. Servatius, Siegburg, Foto: Matz & Schenk/Köln: Seite 23

Kevelaer, Glaswerkstätten Hein-Derix: Seite 101

Köln, Rheinisches Bildarchiv Köln: Museum Schnütgen: Seite 73 (u.)

Marburg, © Bildarchiv Foto Marburg/Andreas Lechtape: Frontispiz, Seiten 11,13, 17, 22, 23, 24, 26 33 ,39, 40, 41, 42, 43, 45, 48, 49 (li), 50, 52, 53, 54, 55(li), 56, 57, 58 (li), 59 (u.), 60, 62, 63, 64, 65, 66, 67, 68, 69, 70, 72, 74, 75, 76, 77, 79, 80, 81, 82, 83, 84, 86, 87, 88, 89, 90, 91, 93, 94, 95, 96, 99, 102, 103, 104, 105, 106, 109, 110, 112, 113, 115, 119, 120, 122, 123, 124, 127, 130, 131

Münster, Aschendorff Verlag: Seiten 20, 21, 33 (u.), 39 (u.li) nach Geisberg, BuKDMvW, Münster, V, T.31 , 44 (o.) nach Geisberg, BuKDMvW, Münster, VI, Abb. 1805; 58 (ebd., Abb. 1811), 59 (ebd., Abb. 2013), 98 (ebd., T. 48), 99 (re) (ebd., Abb. 1880), 126 (li)

Münster, Bistum Münster, Sammlung Bischöfliches Generalvikariat: Seite 108

Münster, Bistumsarchiv, Pfarrgemeinde St. Mauritz Münster: Seiten 25, 37 (u,) 44 (u.: Original: Privatbesitz), 46, 73 (o. li: Foto: M. Rohr), 76, 92, 94 (li.), 100, 103 (o.re), 107, 113 (u.), 116, , 118, 122 (re), 129, 131

Münster, Landesarchiv NRW, Abteilung Westfalen: Seite 13 Wahlurkunde des Kapitels von St. Mauritz für den Dekan Johann Vysbecke. (Regest = - LAV NRW W, B 207u Stift St. Mauritz, Münster – Urkunden, Nr. 204 von 1529 August 28), Seite 18 (LAV NRW W, W001/Msc. I („Ältere Sammlung"), Nr. 69, Seite

Münster, LWL Historische Kommission für Westfalen, Seite 144

Münster, LWL-Museum für Kunst und Kultur, Westfälisches Landesmuseum, Münster / Hanna Neander: Seite 31 Drei Heiligenreliefs aus St. Mauritz, um 1080/90, je 96,0 x 43,0 x 15,0 cm Inv.Nrn. D-15 LM, D-20 LM, D-25 LM; Seite 61 Wilhelm Ludwig Friedrich Riefstahl (1827–1888) Dom, Innenansicht von Südwesten, 1860, aus: Bilder aus Westphalen, Blatt 20, Bibl.Sign. B E 3210 AV: Seite 114 Bernhard Pankok, Im Kirchhof von St. Mauritz zu Münster, 1891 Bleistift/Papier, 33,0 x 21,1 cm, Inv. Nr. KdZ 43 LM

Münster, LWL-Archäologie für Westfalen: Seite 25

Münster, LWL-Denkmalpflege, Landschafts- und Baukultur in Westfalen (LWL-DLBW): Seiten 12, 28 (o.re) 28 (u.re), 36, 43 (u.), 82 (u.)

Münster, Stadtmuseum Münster: Foto: Stadtmuseum Münster: Seiten 16, 37 (o.), 85

Münster, Bernhard Kils: Seite 88 (u.)

New York, The Morgan Library & Museum. MS M.759 Einband vorne, Seite 35, fol. 2v: Seite 34

Münster, Willi Hänscheid (aus Pfarrarchiv St. Mauritz, Münster): Seite 22

Oldenburg: Niedersächsische Landesmuseen Oldenburg, Landesmuseum für Kunst und Kulturgeschichte: Seite 47 (u.)

Saint Maurice (Schweiz), Photo © Trésor de l'Abbaye de Saint-Maurice. Photo Nathalie Sabato: Seite 55

Senden/Bösensell, Haus Ruhr, Haus Offers : Seite 52(li)

Speyer, Klaus Landry © Domkapitel Speyer: Seite 28

Warendorf, Heinrich Schneider: Seite 126

Wünsdorf, Meßbildarchiv Brandenburgisches Landesamt für Denkmalpflege und Archäologisches Landesmuseum (BLDAM): Seite 30 Bildarchiv, Neg.-Nr. 420-1, Seite 38 BLDAM, Bildarchiv, Neg.-Nr 420-3, Seite 40 (re) BLDAM, Bildarchiv, Neg.-Nr 420-4, Seite 103 (u.re) BLDAM, Bildarchiv, Neg.-Nr. 420-6, Seite 111 BLDAM, Bildarchiv, Neg.-Nr. 420-7

Utrecht, Museum Catharijneconvent, Utrecht / Ruben de Heer, **Inv-Nr.** ABM bs00619-00631 Seite 73 (re o. m. u.)

Durch das alte Stiftsgebiet führt der 1658 eingerichtete Wallfahrtsweg zur Mutter Gottes nach Telgte. Das 1708 aufgestellte Gabelkreuz – heute als ‚weißes Kreuz' bekannt – gehört dazu. Es stammt von Johann Wilhelm Gröninger († 1724), der letzte namhafte Bildhauer dieser bedeutenden Künstlerfamilie. Die Assistenzfiguren wurden im 19. Jh. hinzugefügt.

I·N·R·I
O herr Iesu Christe
durch die allerbitterste Schmertzen
Welche du am Stammen des H. Creutzes
gelitten hast Insonderheit als dein allerheiligste
Seel von deinem Gebenedeuten Leib ist abge
scheiden Erbarme dich uber mein Sündige Seel
Wañ sie von meinen leib wirt abscheiden Amen.
Vatter unser und Aue maria Vor
die armen Seelen im Fegfeuer
Anno 1708

Stiftskarte

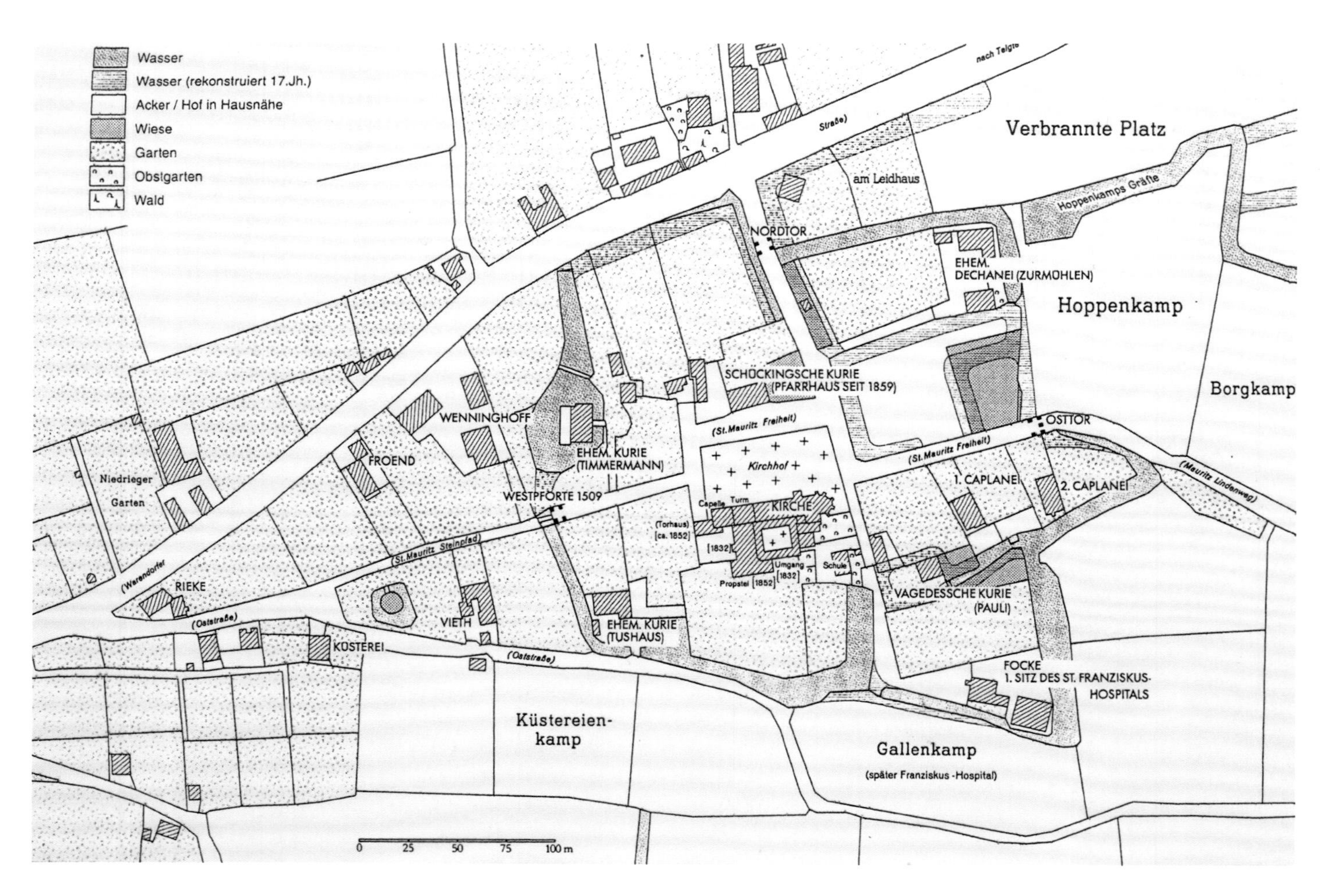

Rekonstruierter Plan des Stiftsbezirks und seiner Umgebung vor der Aufhebung des Mauritzstifts 1811, nach Westfälischer Städteatlas IV, Nr. 3, 1993.